「一流の身体」のつくり方

仕事でもプライベートでも
「戦える体」をつくる筋トレの力

宮田和幸

CCCメディアハウス

はじめに　自分を変えてくれる筋トレの力

「女性にもてたい」
「強くなりたい」

世間でいわゆる「成功者」と呼ばれている人たちの中には、実はこうした願望を持っている人が結構います。

こんなことを言うと、「単なる偏見だ」と思う人もいるでしょう。ですが、都心でジム運営を始めて以来、社会的に成功している人たちとジムで接し、彼らがトレーニングをする姿を見るようになってから、いつしか私はそう思うようになりました。

いい大人が「女にもてたい」「強くなりたい」という願望をむき出しにするのはみっともないと感じるかもしれません。しかし、こうした根源的な欲求を素直に追い求める気持ちが、仕事に対する意欲にも結び付き、自らの人生を成功に導いていくのではないでしょうか。

根源的な欲求というのはどれも単純なものばかりです。しかし、それだけに強烈なパワーを持っています。

例えば「女にもてたい」という欲が強い人は、それを実現させるためにどんな努力も惜しみません。こうした行動力は人生の様々なシチュエーションでも活かされていくはずです。


では、実際に「女にもてたい」という願望を実現するには、どうすればいいのでしょうか。それはずばり、本書のテーマである「**筋トレ**」をすることです。

筋トレによって自分の体に筋肉が付いてくると、見た目が確実に良くなると同時に、精神面では自信が生まれます。これらのプラス要素が**自らを強くし、さらには女性にもてる自分に変えていく**のです。

男性たちの中には、ブランド物のスーツに身を固め、女性の関心を引き付けようと考えている人たちがいます。ところが彼らの中には、体型が整っていないため、せっかくのスーツを着こなせていない人がいます。

おなかの周りが出っ張っていたり、胸が脂肪でだらしなく膨らんでいるようなら、その時点で異性の関心を引くのは困難です。もてるためにスーツを着こなしたいなら、**アスリート感の漂う格好のいい体**で着用しないと好印象を与えられません。

そこで目指してほしいのが、均整の取れた体なのです。自分の体をそんなふうに変えられれば、何を着ても見た目が格段に良くなり、女性の関心も引き付けられるでしょう。


私が指導する筋トレは、「**戦える体をつくる**」ことをコンセプトとしています。つまりこれは、「強くなる」ことに重点を置いた考え方です。

ビジネスマンであれば、常に同僚や取引先、競合会社との戦いにさらされるはずです。会社での上司とのやり取りも一種の戦いと考えていいのかもしれません。実社会では様々な場面で「戦う」ことが求められます。

こうした戦いに勝ち抜いていくためには、肉体的にも精神的にも健康体である必要があります。それなしでは、有利な戦いはできません。
この点でも有効なのが筋トレです。**健康体を維持し、冴えた精神を自らに宿す手段として、筋トレほど効果的なものはない**と思います。

ところで、筋トレに関して日本よりもはるかに進んでいるのは、間違いなくアメリカだと言っていいでしょう。20代のころ、アメリカでレスリングのトレーニングをしていた時期があります。その際、アメリカ人の筋トレに対する意気込みに驚かされたことが何度もありました。

例えば、私が通っていたジムでは、金曜日の夕方になるとトレーニングに訪れる男性がどっと増え、主に下半身を中心に筋トレをする姿が見られました。
驚いたのは、その理由がわかったときです。彼らはスクワットゾーンで下半身を集中的に鍛え、精力を増進させるテストステロンの分泌を促していました。つまり、週末の夜に向けて女性にもてるための準備をしていたのです。このことを知って、筋トレをすることが当たり前になっているアメリカならではの現象だなと、つくづく感心したのを覚えています。

実際、スクワットなどで自分の下半身を強化するとわかるのですが、それによって大腿筋が鍛えられるだけでなく睾丸も刺激され、男性ホルモンの一種であるテストステロンの分泌量が増加します。筋トレをすれば、こうした効果も期待できるのです。

トレーニングをすると、緊張感がほぐれ、リラックスした状態に浸れます。快適なコンディションは体を強く、健康にしていきます。

筋トレを始めたら、自分の体の変化をつぶさに観察するようにしてください。見た目が改善されれば、もっと頑張ろうという気持ちになるはずです。

体を鍛える際には、「ナルシスト」になってみてもいいと思います。度が過ぎると批判の的になる恐れもありますが、度が過ぎない程度にナルシストになることは理想的な体づくりには必要です。トレーニングを持続させるためにも、自分の外見にこだわってみてください。

いざ筋トレを始めたからといって、日によってはトレーニングをしたくないと感じることもあるでしょう。そんなときは無理をしてまでトレーニングをする必要はありません。常に完璧を求めていたら、必ずどこかでつまずいてしまいます。

息抜きができるように、ときには逃げ道も用意しておいてください。ただし、逃げ道の幅は控えめにし、いつでも再開できるようにしておきます。

筋肉を付けると言っても、胸筋だけが異様に盛り上がっていたり、腕の筋肉が極端に発達しているような体つきは見ていて不自然ですし、健康的ではありません。それよりも、ギリシャ彫刻のような自然な肉体を求めてほしいと私は考えています。

理想の体を彫刻以外でたとえるとしたら、動物のチーターです。チーターの体を見ると、躍動感にあふれていて、いつでも最高のパフォーマンスを繰り出せるような雰囲気を漂わせています。**チーターのような躍動感あふれた体をつくる**ことをイメージしながら、筋トレに励んでみてください。

筋トレをして体に筋肉が付いてくると、想像もしていなかったようなメリットを次々に発見できます。それが何なのかは個人によって異なりますが、それらはすべて自分の人生にプラスになるはずです。

本書がきっかけとなり、筋トレによるプラスの効果が少しでも多く得られるよう、心から願っています。

「一流の身体」のつくり方　目次

PART 1

どうして筋トレは優れているのか

PART 2

筋トレ効果を最大限に引き出す方法

PART 3

筋トレを長期継続するために不可欠なボディーケア

PART 4

筋トレと食事

PART 5

宮田式 筋トレ実践法

おわりに

装丁・本文デザイン　轡田昭彦＋坪井朋子
カバー写真　野中弥真人
本文写真　遠藤 宏
取材協力　宮田秀幸
編集協力　野口孝行

PART 1

どうして筋トレは優れているのか

筋トレによって得られるメリット

筋トレを始めてしばらくすると、誰もが筋肉の盛り上がりに気づくという体験をします。そしてこのころから、「**スタミナが付いた**」「**疲れなくなった**」「**動きが良くなった**」という感覚を抱くようになるでしょう。

この感覚が、まさに筋トレによって得られるメリットです。スタミナが付いたおかげで疲れなくなり、動きも格段に俊敏になっていきます。

筋肉量の多い人は、大きなエンジンを少しずつ回転させながら、余裕を持って走行している車に似ています。そのため、階段を上り下りしても息を切らさずに軽やかに動けるようになるのです。

筋トレをすると、かなりの汗をかきます。**発汗を促せる**点も、筋トレのメリットの1つです。

汗を流すと、気分が晴れます。筋トレを習慣化できれば、発汗による快感を常に得られるようになるでしょう。

1日のノルマをこなしたときに得られる充実感も、筋トレのプラス要素として挙げられます。こうしたメリットを実感した人たちが、筋トレにはまっていくのです。

筋肉を付けると、自分に自信が持てるというメリットもあります。

例えば、通勤ラッシュで混み合う駅などで、向こうから歩いてくる人と軽くぶつかってフラりとした経験はないでしょうか。体に十分な筋肉が付いていないと、ぶつかった際の衝撃を受け止められないこともあります。

一方で、体に筋肉を付けていれば、誰かとぶつかってもグラつくことなく、そのまま歩き続けられるでしょう。こうした日常の些細な出来事からも「自分は強くなったな」と実感でき、それが自信につながっていくのです。

トレーニングをすると、顔つきが変わり、精悍さを帯びてきます。と同時に、体格ががっしりとしてくると、周囲の人たちはそれを「強さ」として感じ取るようになるはずです。

「強さ」という点では、若者的なノリで筋トレを始める人も少なくありません。筋肉を付けて「ケンカなら負けないぞ！」という雰囲気を醸し出したい……。そんな気持ちでトレーニングを始めた人にもよく出会います。このへんの感覚は、かなり本能的なものと言っていいでしょう。

実際のところ、仕事上の人間関係でうまくいかないことがあっても、「つかみ合いになれば、お前には絶対に負けないぞ！」という気持ちを持てれば、**相手に対してカッとすることもなく、穏やかな感情のままに向き合える**はずです。

また、自分よりも強い人間を相手に勝ち目のない争いを挑む人は少ないので、筋肉を付けて強い人間になれば、自分の身を守ることにもつながります。

筋トレを行うだけで、実に様々な場面でメリットが得られるのです。

筋トレをすすめる理由

筋トレは、とても「いい趣味」だと私は考えています。

それまで飲酒や食事などに多くのお金を使ってきた人たちが、「筋トレを始めてからあまりお金を使わなくなった」と話すのを、これまで何度も聞きました。

確かにそうなのかもしれません。ジムに通う場合、月の会費は1万円から1万5000円ほどです。このくらいの金額なら、ハシゴをして深夜まで飲んでいたら一度でなくなってしまいます。

一方、ジムに通っているうちに自分の体に変化が出てくると、不要な飲酒や外食を極力避けたいという気持ちが強くなっていくものです。

特に長時間にわたって飲酒をすると、次の日のトレーニングができなくなるので、早めに切り上げようという意識が働き、それが行動に現れます。こうした点から見ても、**筋トレは深酒や浪費を防ぐ、いい趣味だ**と言えるのではないでしょうか。

バリエーションが豊富なのも、筋トレをおすすめする理由の1つです。

例えばジョギングの場合、走るという動きのみで、それ以外の動きはできません。フォームは多少変えられるかもしれませんが、使う筋肉は基本的には変わらず、同じところを繰り返し使うことになります。横向きや後ろ向きで走ることも考えられますが、転倒の危険があるので、実行するのはほぼ不可能です。

ところが筋トレの場合、多種多様な方法を試せます。仮に体に痛いところがあっても、別の部位を鍛える方法が必ず存在します。いくらでも代替のやり方を見つけられるので、途中でトレーニングを中断する必要がないのです。

仮に痛みを感じる場所をどうしてもトレーニングしなくてはならないとしても、角度を変えてみたり、負荷を軽くすることで、それまで行ってきたトレーニングを継続できます。

同じ内容のトレーニングをするのはつまらないという場合でも、日々異なる動きに挑戦できるので飽きることもありません。結果として、いつまでも続けられ、筋肉を確実に付けていけるのです。

10回しかできなかった腕立て伏せが、気がついたら20回できるようになるなど、**わかりやすい形で成果が確認できる**のも筋トレの特長です。

1人でできることも筋トレの良さと言えます。

例えば格闘技の場合、相手を見つけなくてはなりません。筋トレなら、好きな時間に1人で行えます。

筋トレは、バリエーションが豊かであると同時に、実に手軽な運動なのです。

理想の体をいつまでも維持するには

アスリートの中には、トレーニングをやり過ぎた結果、ケガをして現役を終えてしまう人もいます。彼らの中には、昔は一流のアスリートであっても、残念ながら現在はおなかが突き出た典型的なおじさん体型になっている人もいます。そうならないためには、引退後もトレーニングを完全に止めてしまわないことです。

現役時代の体型を維持し、高い運動能力を発揮できる体を持ち続けられれば、いつまでも「アリスート」でいられます。

トップアスリートだった人に限らず、一般の人たちにも同様のことが言えるのではないでしょうか。**60代、70代、さらには80代になっても、若いころのように動ける体、戦える体をキープする**ことを目指せば、人生を死ぬまで楽しめます。

1年で付けた筋肉は何もやらないと1年ですべて落ち、10年かけて付けた筋肉は落ちるのにも10年かかる――。

筋肉についてしばしば耳にする言葉です。

短期間で極端にトレーニングをした人は、一度トレーニングを止めると逆方向に進むのも極端で、滑り落ちるように筋肉が衰えていきます。**急ごしらえの体づくりでは体型維持の調整がうまくできない**のです。こうした状況を避け、より高い理想を目指して、いつまでも右肩上がりの結果が出るように鍛えていきましょう。

確かに、短期間で結果を出せれば周囲を驚かすことができるかもしれません。しかし、肝心なのは「その後」です。その状態を長期間維持できなければ、せっかく得られた成果は意味を失います。

結果を急ぐ必要はありません。自分にできる範囲から始めていき、長く持続することを目標としてください。

トレーニングは絶対に無理をせず、「7割」を基準に

筋トレに関心を持っている人であれば、まずはジムに通ってみることをおすすめします。家や会社の近くにジムがあれば、一度入会してみてください。経済的に余裕がある人は、パーソナルトレーニングを利用してみましょう。

ジムに通うメリットは、自分に合ったより効率的なトレーニングの方法を習得できることです。自分の体が今どのレベルにあるのか、ジムに行けばトレーナーからアドバイスを受けられます。

また、ジムに入会することで、「怠けグセ」を撃退できます。いくらやる気が旺盛でも、日によっては怠けたい気持ちが強くなることはあるものです。そんなときに「ジムに入会している」という既成事実があれば、「面倒だな」と思ってもジムに足が向くはずです。あるいはジムでトレーニング仲間ができれば、彼らの存在が自分の足

をジムに向けさせてくれるでしょう。

ジムに行き、実際に筋トレをすれば、気持ちもいいし、達成感も得られます。こうしたプラスの感覚を改めて認識すれば、再度やる気を引き出せます。

トレーニングを長続きさせるためには、**無理は絶対に禁物**です。私自身、トレーニングをする際にはケガをしないように十分に気をつけています。

無理しないコツは、自分の力を見極めながら徐々にハードルを上げていくことです。初心者の人が最初からハードなトレーニングにチャレンジすれば、「きつかった」という印象しか残らないでしょう。さらには体を壊してしまう危険も高まります。

とは言っても、実際に腕立て伏せなどをする際には自分の力をすべて振り絞ってトレーニングをしてください。例えば、腕立て伏せを30回連続で行うのが自分の限界だとしたら、その限界に到達するまで頑張ります。しばらく休憩したら、もう1セットやってみましょう。慣れていない人は、これだけでもかなり疲れてくるはずです。

「無理をしない」と言ったのは、手を抜くという意味ではありません。**トレーニング**

をする際には全力で行ってほしいのです。ただし、長時間にわたって自分の力の限界に達するような筋トレをするのは避けてください。これをすることが「無理なトレーニング」なのです。

私は常に「7割の力を消耗したら、その日のトレーニングをやめてください」と言っています。7割と聞くと「簡単だ」と感じるかもしれませんが、7割でも効果は十分に得られます。1セットごとの筋トレは全力で行いますが、自分の全体力を消耗させるようなことはせず、7割のところで止めるのです。

ビギナーの段階を経て、ある程度体力がついてきたら徐々にノルマを上げ、自分の体をさらに鍛えていけばいいのです。ただし、全体力の7割を消耗したらその日のトレーニングは終わりという基準を変えてはいけません。

理想的なのは、トレーニングの時間を1時間ほど設け、全力を使ったトレーニングを30~40分続けたところで切り上げるようなスタイルです。残りの時間はクールダウンに使います。

これにより、自分の力を100%出し切ってしまうことが避けられ、翌日にトレーニングができる余力を温存することができます。

自分を追い込むような全力トレーニングを、私は「**高密度トレーニング**」と呼んでいますが、こうしたトレーニングを長時間続けるのは不可能です。私はオリンピック出場前、練習に打ち込んでいたときでも、1時間ほどの練習を1日2回ほどするだけでした。

事情を知らない人は、「オリンピックに出場するくらいだから1日8時間くらいは練習しているのだろう」と思っていたようですが、そんな長時間の練習はほとんどすることはありません。高密度トレーニングをする場合は、1時間でも長いくらいなのです。8時間続けるのは、むしろ無謀と言ってもいいでしょう。

大切なのは、**1セットごとのトレーニングでは全力を発揮し、全体力の7割を消耗し切った時点でトレーニングを終える**ことです。これをしっかりと覚えておいてください。

トレーニングを続けるには「バランス感覚」が大事

私のジムでは、筋トレ以外のトレーニングも数多く取り入れています。私は総合格闘家なので、格闘技の要素を随所に盛り込んでいるのも特長の1つです。

例えば、シャドーボクシング。これを導入しているのは、ジョギングのような有酸素系の運動をしてもらいたいからです。一方で、レスリングは、同じ格闘技でも筋肉を激しく鍛える高密度トレーニングとなります。これらを組み合わせて、バランスよく体をつくり上げていくのです。

効率的なトレーニングに欠かせないのは、やはりバランス感覚だと思います。激しいトレーニング一辺倒になってしまえば、やる気を持続させるのは困難です。

体づくりは、いっときだけ理想的であっても意味がありません。その状態を維持し、長続きさせなくてはいけないのです。そのためにも、厳しいところは厳しくし、その一方で締め上げ過ぎないという匙加減が求められます。

総合格闘家と言っても、皆が日常的に厳しい練習をして鍛えているわけではありません。その姿勢は実に様々です。

総合格闘技は、年間に何試合もできるような性質のものではありません。試合を行うと、体力面はもちろんのこと、精神面でもかなり消耗するので、次の試合までそれなりのインターバルが必要です。

実際のところ、試合のストレスから解放された途端に、好き放題に不摂生をしてしまう格闘家はたくさんいます。常に規則正しいトレーニングを続け、試合直前のようなコンディションをキープするのはそう簡単なことではないのです。

格闘家によっては、試合がないときに体重を15キロくらい増やしてしまう人もいます。このような場合、試合が近づくにつれて減量をし、ベストの体重に戻していかなければなりません。

どんなに筋肉質の体であっても、15キロも太ると腹筋は見えなくなります。つまり、筋肉質な体を維持するには、トレーニングや食事に配慮した生活スタイルが不可欠なのです。

かといって、私が毎日、何時間もトレーニングをしているかというと、けっしてそんなことはありません。きつめのトレーニングを30分から1時間弱ほど行うだけです。また、週に2日は必ず休みを取るようにしています。

ここで重要なのは、**短い時間でいいので、週に5日はコツコツとトレーニングを持続させること**なのです。

食事についても、めちゃくちゃストイックにしているわけではありません。食べたいものがあれば、我慢せずに食べています。お酒も飲みたいときには飲みます。厳しく制限し過ぎると、短期間は我慢できても、長い目で見るとリバウンドが起きる可能性が高まるのは間違いありません。

ただし、お酒を飲んだ後にラーメンを食べたりはしませんし、毎晩飲み歩くようなことも絶対にありません。私が自分に課している摂生は、この程度のレベルのものです。これぐらいなら誰にでも実行できるのではないでしょうか。

筋トレは週に5日は行おう

筋トレは、頻繁に行うことでいい結果を得られます。休むとしたら、週2日に留めておくのが理想です。週2、3日のトレーニングでも、ある程度の効果は得られますが、週5日トレーニングしている人に比べると、脂肪が付きやすい体から脱し切れていません。仮に怠けて1週間ほどトレーニングを休んでしまうと、脂肪がすぐに付き出して、体重も1、2キロぐらいはあっという間に増えていくはずです。

中には週3日ほどのトレーニングで、筋肉の付いたいい体を維持している人もいます。事実、ジムでトレーナーをしている人たちは、週2、3日のトレーニングだけで体型維持をしていたりします。ですが、彼らがトレーニングをするときは、全体力の7割以上を出し切るようなかなりハードなメニューをこなしています。

トレーナーであれば、このようなトレーニングの方法でもいいでしょう。しかし、一般の人の場合、週に3日とはいえ、自分の全体力の7割以上を消耗するようなきついトレーニングを続けると、体に負担がかかり過ぎて、次第に筋トレが面倒なもの、苦しいものと思うようになっていく恐れがあります。だからこそ、全体力の7割程度を使い切るトレーニングを週5日ほど実行するのがおすすめなのです。

ある程度の筋肉が付いてくると、裸で鏡の前に立ったときだけでなく、スーツを着ても違いがわかるようになります。特にスーツを仕立てて着用すると、体のラインがすっきりと出て、見た目がかなり格好良くなるはずです。

せっかく筋トレを始めたのですから、毎日のようにトレーニングを行い、スーツ姿に変化が出るくらいの成果を目指してください。スーツを着ている状態で、周囲の人から体型が良くなったことを指摘されれば間違いなく嬉しいはずです。その言葉がさらなる報酬となり、より熱心にトレーニングに打ち込めるようになるでしょう。

筋トレは、地道な努力と、それに対する報酬を得ることとの繰り返しです。自分が理想とする体型を得るために、週5日のトレーニングをこなすことを目標にしましょう。

初心者にはダンベルを使った筋トレがおすすめ

筋肉質な体と聞くと、固い体をイメージするかもしれません。しかし実際は逆で、**トレーニングで鍛えられた体は、弾力性があり、柔らかい**ものです。

運動をまったくしていない人の体を触るとわかりますが、冷たくて固い体をしています。表現は悪いですが、体としては死んでいるのに近い状態と言っていいかもしれません。

体温が高く、柔らかくて、よく動く体は、バランスが取れていて、活力を感じさせてくれます。さらに見た目も格好がいいものです。こうした体を手に入れるには、筋トレが最適です。筋トレをすると、筋肉に血液が集まるため、自然に熱を帯びてきます。スポーツ選手の中には、筋トレの後に熱が上がり過ぎるのを抑えるため、わざわざアイシングをする人がいるほどです。

実際にトレーニングをする際には、**どういう体になりたいかをイメージ**しながら、トレーニングをするといいでしょう。さらに、特定の部位だけを集中的に鍛えるのではなく、全身を使ってトレーニングを行ったほうが、均整の取れた体をつくれます。

初心者が筋トレをする際、私がおすすめしている1つの方法が、**ダンベルを使った方法**です。多くの人が、腹筋運動や腕立て伏せのような自重を利用した筋トレがお手軽だと思っているようですが、実は自重を持ち上げるというのは、かなり負荷が高いのです。

ゆくゆくは自重トレーニングができるようになることを目指してほしいのですが、最初はダンベルを使った筋トレをしてもいいと思います。

例えば、ダンベルの上げ下げをする際には、最初に目標の回数を決めるようにします。その回数を決めたら、必ずそれをこなすようにしてください。

2キロのダンベルを20回上げ下げするのを目標として設定したら、途中できつくなっても頑張って最後まで続けます。その後少し慣れてきたら、20回におまけの回数を加えてみましょう。体がきついと感じる回数を超え、その時点から最後の力を振り絞った段階で筋肉はつくられていくのです。

ちなみに、負荷を大きくする場合は、回数を増やすだけでなく、重さを増やす方法もあります。

こうしたつらい筋トレを行ってせっかく筋肉を付けたのに、すぐにやめてしまったらまったく意味がありません。

長く続ければ続けるほど、体にいい変化がもたらされるのです。先ほども述べましたが、筋トレを中断しても、10年かけて付けた筋肉はそれが落ちるまでに10年の時間を要します。逆に1年で付けた筋肉は、1年であっという間に落ちてしまいます。

急いで結果を出すは必要ありません。長い時間をかけて、じっくりと体づくりをしていきましょう。

ウェイトトレーニングではなく自重運動を

私は、バーベルを使ったウェイトトレーニングを必ずしも否定しません。しかし、それをするなら、自重運動を行ったほうがいいと考えています。

自重運動の代表的なものは体操と言っていいでしょう。私が知る限り、体操選手はウェイトトレーニングを一切していません。おそらくランニングのようなトレーニングも特に行っていないのではないでしょうか。レスリングや総合格闘技のように体重制限のあるスポーツでもないので、食事に関しても制限を設定せず、好きなものを食べていると思います。にもかかわらず、彼らは皆、いい体つきをしています。

そのわけは、体操が究極の自重運動だからです。体操選手の運動量は半端ではありません。どの種目でも、普通の人間では絶対できないような技を繰り出し、そのどれもがかなりの筋肉量を必要とします。

レスリングも、自重運動に加えて相手の体を持ち上げたりするので、やはり相当の筋肉量が求められるスポーツです。

スポーツをする際など、自分の体を俊敏に動かせるようになるには、バランスの取れたいい体をしていなければなりません。そうした体をつくるには、**ウェイトトレーニングのように器具を使うトレーニングよりも、腕立て伏せや腹筋のような自重運動を続けるほうが効果を発揮する**と思います。

究極の自重運動をしている体操のトップレベルの選手の体脂肪率は、5%くらいだそうです。このレベルの人たちの腹筋は、例外なく見事に割れています。毎日のように自重運動を繰り返した結果、得られた体と言っていいでしょう。

一般の人たちが体脂肪率5%を達成するのは難しいとは思いますが、欠かさずに自重運動を行えば、体脂肪率は下げられます。また、自ずと脂肪が付きにくい体になるので、食事に関しても厳しい制限する必要がなくなります。

興味深いのは、激しい練習を比較的長い時間行っている水泳選手たちの体つきです。私がオリンピックに出場する前、ナショナルトレーニングセンターで練習をしていたときに、他の競技の選手たちと交流する機会がありました。その際、水泳の日本代表選手に「どうしたらそんなに腹筋が出るんですか？」と聞かれたことがあります。実際、彼らの体を見ると、筋肉はたくさん付いているのに少し丸みを帯びているような印象を受けました。

しかし、これにはれっきとした理由があります。日々、水の中に入ってトレーニングをしているので、**体温維持のために体が勝手に脂肪を付けてしまう**のです。

かといって、彼らの体が脂肪でブヨブヨしているわけではありません。薄い脂肪の下にはしっかりとした筋肉が付いていて、実際には誰もがいい体つきをしています。

プールトレーニングをしている人には、いろんな人がいると思います。私自身、膝をケガしたとき、膝に負担をかけるのを避けるために、泳いだり、プールの中を歩いたりしました。こうした目的でプールトレーニングを行うのはとてもいいことです。

ただし、ダイエットのためにプールウォーキングをするのはあまりおすすめしません。浮力が生じるプールでは十分な負荷を体にかけられず、体重を減らすほどの運動にはならないからです。本当にダイエットをしたいのなら、浮力がないところで筋トレをしてください。そうしないとダイエット効果はいつまで経っても得られません。

また、筋骨隆々とした体を目指す場合もプールトレーニングは避けたほうがいいでしょう。もちろん、水泳が好きな人が、楽しみもかねてトレーニングするのであれば問題はありません。ですが、プールトレーニングをメインにすると、どうしても体温を下げがちになり、体はそれに抵抗して脂肪を付けてしまうのです。

見逃してはいけない下半身のトレーニング

筋トレをすると、体質も変わります。**トレーニングをすることで成長ホルモンや男性ホルモンの分泌が増える**ので、変わってくるのは当たり前かもしれません。

太りやすかった人も、筋トレによって脂肪を燃やし続けると、体質が変わり、次第に脂肪が付きにくい体に変化していきます。また疲れやすかった人が、疲れにくくなったりもします。

体のコンディションが悪かった人ほど、筋トレによるプラスの効果を実感できるのではないでしょうか。

疲れやすい体質を改善するという意味では、下半身のトレーニングに力を入れるといいと思います。歩くためには足の筋肉が必要なので、足の筋肉を鍛えれば歩くこともつらくなくなります。階段の上り下りも楽になり、結果として疲れにくくなるはずです。

上半身を鍛えることに夢中になる人は多いのですが、下半身はとかく見過ごしがちです。脚には大腿筋のような大きな筋肉が多く、それらを鍛えれば基礎代謝が高まります。大きな筋肉はカロリーの消費量が多いので、**下半身を鍛えると太りにくい体に変わっていく**という効果も期待できます。

脚に筋肉が付くと、見た目も良くなります。私自身、スクワットなどを通して足の筋肉を鍛えているので、締まっているだけでなく動きも実に軽やかです。ジムに来る男性たちは、私の上半身の筋肉を褒めてくれるのですが、女性からはよく「引き締まった脚をしていますね」と言われます。

上半身だけでなく、下半身にも目を向け、軽やかに動けるように鍛えましょう。バランスの取れたトレーニングを行うことが大切です。

筋トレの効果は年齢に関係なく現れる

筋トレを続けながら、自分の好きなスポーツを同時に行うのもトータルで体を鍛えることになります。

学生時代にサッカーや野球、バスケットボールなどの球技をしていた人は、それらを再開してみてください。昔の感覚は今でもだいぶ残っていると思います。

改めてスポーツを始めてみると、筋トレで身に付けた筋肉の威力を実感するはずです。脚の筋肉が付いてくれれば、動きが俊敏になっているのに気がつくでしょう。

ジョギングが好きな人は、筋トレをしつつ、ジョギングも続けてください。筋肉が付いてくると、走る際に体の動きが軽やかになっているのが実感できると思います。走る距離が長くなってもスタミナ切れにならない事実に驚くのではないでしょうか。

さらに走り続けて疲れてきても、「もうひと踏ん張りしよう」という気力が湧いてきます。**筋肉が付いてくると、年齢に関係なく、こうした底力を発揮できる**のです。ジョギングは体を動かす楽しさを実感させてくれる身近な運動なので、私がおすすめするトレーニングの1つです。

レスリングやボクシングのような格闘技は、25歳くらいで選手としてのピークを迎えると言われます。私がレスリングの選手としてオリンピックに出場したのも、23歳のときでした。しかし、今考えてみると、果たしてそうなのかと思ったりします。25歳でピークを迎えるというのは、ただ単にその競技に飽きてしまい、トレーニングを止めてしまっただけなのかもしれません。つまり、加齢によって弱くなるわけではなく、強さを維持する努力をしなくなるのです。

そう感じたのは、28歳のときにレスリングの世界から総合格闘技に移籍してからでした。まったくの異世界に移ってからは新たに覚える物事も多く、それらを1つひとつ習得していく毎日が続きました。すると、格闘技の奥深さを改めてかみしめることになり、飽きずにトレーニングを継続できたのです。

現在、私は40代前半に突入しましたが、トレーニングをして体を鍛える行為は完全に日常生活の欠かせない1コマになっています。確かに年は取りました。しかし、体力の衰えは感じませんし、格闘家としての実力も落とさずに現役を続けています。

こうした現象は、なにも私だけが経験しているわけではありません。最近のアスリートを見ると、30代、40代になっても第一線で活躍している人がたくさんいます。

これはトップアスリートにだけ言えることではなく、一般の人たちにも当てはまることです。昔は40代ともなれば「中年のおじさん」で、若さとは縁遠いイメージが付きまとっていました。ところが今は、40代でも若々しい人たちが増えています。

実際、**この年代になってからでも、トレーニングによって若いころのような筋肉質の体を取り戻すのは可能**です。各種スポーツの自己最高記録を伸ばしていくこともできるでしょう。

極端なことを言えば、**あきらめない限り人間の体は死ぬまで何らかの形で成長させていける**のです。30代、40代はまだまだ若いと思ってください。「もう歳だ」などと言ってあきらめてしまうのはいくらなんでも早すぎます。

目指すのは、ヒョウやチーターのような体つき

トレーニングをしている人に目指してほしいのは、極端な例を言うと「肉食獣の体つき」です。四肢には端正な筋肉が付き、腹部がえぐれているヒョウやチーターを思い浮かべてもらうとわかりやすいかもしれません。

必要以上の捕食はせず、飢えを感じたら全身の筋肉をフルに使って獲物に食らいつく肉食獣のような体つき。自分の体をこのイメージに近づけていってほしいのです。

チーターも人間も、おなかが満たされていると、動きたいという気持ちを起こせません。いつでも動ける態勢を整えるには、体を満腹状態にしておかないことです。例えばオフィスで仕事をしているとき、満腹の時間を極力短くすれば、感覚は研ぎ澄まされ、落ち着いて仕事ができるようになります。仮に会社で突発的な出来事が起きたとしても、すぐに行動に移れるはずです。

トレーニングというのは、言ってみれば「肉体的なストレス」と解釈できます。このストレスを継続的に受けることで、精神的なストレスへの耐性も芽生えてくるのです。

ところが、多くの人がトレーニング（肉体的なストレス）を省き、精神的なストレスを受け続ける生活に陥っています。この状況を変え、**トレーニングによって精神的なストレスへの耐性を高めていく**といいと思います。

トレーニングをする際には、自分の体をある種の〝飢餓〟状態にしてください。**空腹とトレーニングという複合的なストレスを体に課し、その後に報酬として食事を摂るというサイクルを確立させましょう**。大切なのは、トレーニングの後に必ず報酬を準備することです。それがないと、トレーニングを継続させるのは難しくなります。

トレーニングをして報酬が得られると、体内からドーパミンが分泌され、達成感が一気に沸き上がってきます。この達成感がさらなるトレーニングの原動力となり、トレーニングの継続を促してくれるのです。

「目標設定」と「報酬」で筋トレを継続させよう

筋トレを長く継続させるために、ちょっとした目標を設定してみてください。

以前、アマチュアの人たちを対象に小さなキックボクシング大会を主催したことがあります。最近はこうした大会が各地で開かれているので、大会参加を目標に設定してみると、筋トレに対する姿勢がより積極的になるはずです。

私が主催した大会には、ジムでトレーニングをしている人たちが10人ほど参加しました。参加を決めた瞬間から気合を入れ始め、体を引き締めていった結果、10キロほど体重を絞れた人たちも出てきたほどでした。

何をするにも目標を設定するのはいいことです。闇雲にトレーニングしているだけでは、途中で飽きてしまうかもしれません。

「体重を5キロ減らす」

「腕立てと腹筋が50回できるようになる」
「懸垂が5回できるようになる」
「総合格闘技のアマチュア大会に出る」

こうした**具体的な目標を決めておけば、筋トレを継続する動機付けとなります**。

目標の1つとして懸垂の例を挙げましたが、日常的に筋トレをしていないと、懸垂はなかなかできるものではありません。懸垂ができるようになったら、筋力がかなりアップしてきたと考えていいと思います。

実は懸垂にはコツがあります。多くの人が、肘を伸ばし切った状態から体を持ち上げようとしますが、そうではなく、肘を少し曲げた状態から力を入れていくのです。肘が伸びきった状態からでは負荷がかかり過ぎますが、肘を少し曲げれば負荷はかなり軽減されます。

最初はできなくても、体を持ち上げようとするだけでトレーニングになるので、懸垂は早い段階から始めていくといいと思います。

筋トレによって体を変えたいと思ったら、まずは自分の意識を変えることが大事です。その後、少しでも体に変化を起こせたら、自分を褒めてあげましょう。褒めるという行為は、前項で触れた「報酬」に当たります。

「計画どおりにトレーニングをこなせたら、夜は好きなものを食べていい」

こうした**ご褒美を用意し、トレーニング嫌いにならないように工夫していく**のです。

最初のうちは、ご褒美は自分が用意するものばかりだと思います。しかし、トレーニングを続けていくにつれて、女性にもてるようになったり、周囲から「いい体してるね」と言われたりするなど、外部からのご褒美も得られるようになるはずです。

さらに言うと、体が鍛え上げられてくると、どんな服を着ていても外見が格段に良くなります。いくら高級な服を着ていても、体が引き締まっていなければ「豚に真珠」です。着られる服の選択肢も増えるので、おしゃれをするのが楽しくなるというプラス効果も期待できます。

体つきが変われば、それに応じて身の回りには多くの変化が生じてくるのです。

オリンピック出場を可能にした朝のトレーニング

筋トレを持続するには、時間の確保も欠かせない要素です。

1日24時間の中で、いつ筋トレをするのかは個人によって様々だと思いますが、**私がおすすめしているのは朝の時間帯**です。

昼の間に仕事をしていると、夜の時間帯はどうしても機動性が低下します。私の場合、夜の時間はリラックスしたいという欲求が優るので、筋トレをする気にはなかなかなれません。こう感じるのは私だけではないはずです。

朝のトレーニングについて、私自身の体験を紹介してみましょう。

オリンピック出場を目指していたころ、サラリーマンだった私は、平日午前7時から午後5時まで会社で働いていました。そのため、トレーニングを始めるのは、午後

5時に仕事が終わってからでした。ところが、それが徐々にうまくいかなくなるのです。終業時間が午後5時といっても、もちろん時間どおりに終わらない日もあります。仮に残業がなくても、トレーニングの準備をしていざ始めるとなると、スタートは午後7時くらいからになってしまいます。

この時間帯になると、やはり1日の疲れが出てくるので、トレーニングをする意欲を引き出すのはなかなか大変でした。

こうした生活を送っていたこともあり、大学時代にはチャンピオンだったにもかかわらず、大会に出たら1回戦で負けてしまったのです。原因は、明らかに練習不足でした。練習時間を確保するのに失敗した結果、現役時代の感覚を失っていたのです。

このままではオリンピックは狙えないな……。

強烈な危機感を抱いた私は、いろいろ考えた結果、練習する時間帯をガラリと変え、朝5時に起きて、5時半から1時間だけトレーニングをする生活スタイルにしたのです。

朝の5時ですから、当然ながら一緒に練習してくれるような人はいません。近くに海岸があったので、まずは砂浜ダッシュから始めて体を慣らし、その後は筋トレやレスリングの練習をこなしていきました。朝一番なので、体はまだ疲れていません。そのため、自分の体力を存分にトレーニングに投入できたのです。

午後のトレーニングと違い、朝のトレーニングは出社時間というタイムリミットがあります。最初はそれを窮屈に感じていました。

ところが気がつくと、これがプラスに働きました。「短い時間を最大限活用しなくては」という意識が働き始めたのです。そのおかげで、**集中力を高めながらトレーニングをする習慣**が身につきました。今振り返ると、当時の経験は、今の生活にも大きな影響を与えていると言っていいでしょう。オリンピック予選で勝ち上がり、代表の座をつかんだのは、それから1年後のことでした。

夜のトレーニングをなかなか習慣化できない人は、思い切って早朝にトレーニングをするように切り替えてみてください。体を鍛えられるだけでなく、時間の効率的な使い方も習得できるはずです。

筋トレするのは「早朝」か「夕方」か

トレーニングをする時間帯について話を続けます。

実は、バイオリズム的な観点から考えると、**体温が最も上昇する夕方に練習を行うのは理にかなっている行為**です。ただし、平日午後5時から7時までの2時間をトレーニングに費やせるサラリーマンはほぼ皆無だと思います。

仮に定時に退社して、午後6時からトレーニングを始められたとしても、夕方は1日の疲れがピークに達していると考えられるので、その状態からスイッチを入れて筋トレをするのはかなりハードなのではないでしょうか。

夕方から夜の時間帯はこうしたマイナス要素が多いので、仕事を始める前の朝の時間帯に筋トレをすることをおすすめしているのです。

現実的な話として、体を動かすことによって眠気を一気に吹き飛ばせるので、**朝の筋トレは実用的**という一面もあります。最初は面倒だなと感じることもあるかもしれません。しかし、習慣の一部になってしまえば、筋トレを始めて1分もたたないうちに、確実に体がテンポよく動いてくれるでしょう。

実際、私のジムには、早朝の6時や7時からトレーニングを始める人が結構います。彼らは出勤する前にトレーニングを行い、終了後、オフィスに向かいます。話を聞くと、夕方だと疲れてしまうので、朝のうちにトレーニングを終えてしまいたいとのことでした。

もちろん、夕方のほうがやる気が出るという人であれば、無理して朝にやる必要はありません。ただし、ビジネスマンの場合、出勤前の時間帯に短時間でトレーニングを済ませたほうが効率的なはずです。

会社に勤めていれば、夕方の時間帯に急な仕事が舞い込んできたり、遅くまで残業をしなくてはならないこともあるでしょう。こうなると、夕方以降にトレーニングをするのはさらに難しくなります。

誰にも邪魔されずに自由な時間を手に入れられるのは、やはり朝です。こうした事情を見越してか、最近では早朝からオープンしているジムも増えているようです。これらの場所をうまく利用し、1日をトレーニングから始めることができれば、その日はずっと快調に過ごすことができるでしょう。

1時間早めにベッドに入り、いつもより1時間早く起床し、トレーニングを行ってみてください。トレーニングによる体づくりの効果の他に、なんとも言えない清々しさを感じられるはずです。

ただし、朝のトレーニングの際には、1つだけ気をつけてほしいことがあります。**朝の時間帯は筋肉が失われやすいので、トレーニングをする際には事前に糖質をしっかり摂りましょう**。おてごろなのはバナナです。トレーニングを始める前にバナナを1本食べてください。糖質補給をせずに筋トレをしても、体に筋肉はなかなか付いてきません。この点だけは覚えておきましょう。

筋トレができない体になる前に始めよう

40代以下の方はまだ実感がわかないかもしれませんが、**50代にさしかかったあたりから、筋トレができなくなる人が出てきます**。

若いころにトレーニングをせずに年を重ねていった結果、関節痛や内臓の病気に悩まされるようになり、気がついたらトレーニングができない体になっていた……。

こんなことが実際に起こり得るのです。

いくつかの例を紹介しましょう。

おなかがせり出した肥満体型の人は、腹筋運動をすれば、腹回りをすっきりできると思うかもしれませんが、肥満が原因で心臓に問題があると、もはや腹筋運動はおすすめできません。

この他、膝の内側に痛みが出てくれば、その場ですぐにできるスクワット運動も困難になるでしょう。

40代のころは、ここまでひどい症状は出ていないかもしれませんが、体を動かさない生活を続けていると、いざ筋トレを始めようと思ったときにできない状態に陥っているケースも起こり得るのです。そうならないためにも、早い段階から日々の生活の中に筋トレを取り入れてみてください。

体に支障が出てから行う運動は、トレーニングではなく、リハビリです。リハビリではなく、**体力向上のためのトレーニングを始める最後のチャンスが40代**なのです。

少々危機感を煽るような言い方をしますが、すでに40代を迎えている人は、これがラストチャンスだと思って筋トレを始めてみましょう。もちろん、支障がなければ50代以上の人もトライしてください。

今から始めておけば、将来、トレーニングを始めたことに感謝する日が必ずやってくるはずです。

1日30分の「高密度トレーニング」

人間は動物ですから、動けるかどうかは生きていく上で非常に大きな意味を持ちます。ケガや病気などで体を思うように動かせなくなれば、行動範囲は制限され、面白みの少ない生活を強いられるはずです。

体の動きが鈍くなると、やりたいことがすぐにできず、体そのものが足枷のように感じたりします。体があるおかげで、行きたいところにも行けるし、やりたいこともできるはずなのに、不調になると体が行動を抑制するようになるのです。**動ける状態をいつまでも維持するためにも、普段から筋トレを行い、ケガや病気に強い体をつくっておくべき**です。

一度動けなくなると、そこから元の状態に戻るには大変な労力を要します。その一方で、今のうちから体づくりをしておけば、60代、70代になっても思い通りに動ける体を保持できるでしょう。30代、40代の習慣が、30年後、40年後の自分の体に大きな影響をもたらすのです。

運動不足を解消するために、1つ手前の駅で降りて1駅分歩くとか、エレベーターに乗らないで階段を使うといった方法がよく紹介されます。これらの有酸素運動を行えば、体脂肪を燃やす効果は期待できると思います。ただし、高密度トレーニングではないので、肉食獣のような肉体を得ることは絶対にできません。

「高密度トレーニング」と聞くと、「キツそう」という印象を抱き、尻込みしてしまう人もいるかもしれません。確かにハードな部分もありますが、その半面、1日に30分も行えば十分なので、想像するほど大変ではありません

私のジムでは高密度トレーニングの個人レッスンを行っていますが、1時間のレッスンの中で高密度のトレーニングをしているのは30分くらいで、残りの30分はトレーニングについての説明が中心になっています。**内容がハードな高密度トレーニングは、30分も行えば十分な運動量になる**のです。

自分が行っているトレーニングが高密度かどうかの判断の仕方ですが、腕立て伏せや腹筋を実際に1セット行ってみて、終わった後に3分くらい休まないと次のセットに行けない運動であれば、そのトレーニングは高密度と言えます。

ジムでトレーニングをしている人を観察していると、筋トレメニューが終わった直後にもかかわらず、呼吸が乱れていない人がいます。

通常、筋トレの1セット終了間際はつらさが増し、動きが緩慢になったり、フォームが崩れたりするものです。さらにセット終了後は息が上がり、つらそうにしているのが正常なのです。ところが、呼吸が乱れることもなく、淡々としている人がいます。トレーニングの際、自分自身がこうした状態であるのなら、可動域を狭めていないか確認してみてください。

可動域を狭めると筋トレは格段に楽になります。スクワットをするにしても、膝を少し曲げたくらいで繰り返していたら、負荷はさほどかかりません。腕立て伏せも、腕を深く曲げなければ長く続けられるでしょう。低負荷運動はいくらやっても楽なままなのです。

楽なトレーニングでは、体に「変われ！」というメッセージを送ることができません。これらの場合は、高密度トレーニングと呼べないので、いくらやっても筋肉を付けるのは難しいでしょう。

ダラダラと長時間できるトレーニングではなく、短時間でいいので高密度な筋トレを行うよう心がけてください。

トレーニングは歯磨きや入浴と同じ

「高密度トレーニング」についての話をもう少し続けましょう。

普段の私のトレーニング時間は、だいたい30分から1時間ほどです。

「たったそれだけ？」と思うかもしれませんが、この時間は、ほぼ休みなく体を動かし続けているので、密度はかなり高いと言えます。

自分のトレーニングの密度の高さは、発汗の量からも推し量れます。例えば、スパーリングをする際に私が流す汗の量は半端ではありません。5分のスパーリングを8本行うと、3リットルくらいの汗をかくのです。

運動量も相当なもので、K-1の公式試合のフルラウンドでも3分3ラウンドですから、それをはるかに超えています。

筋トレをするにしても、それ自体は30分くらいしかやりません。ジムにいる時間を考えたら、トータルで40分ほどでしょうか。サッとやって、サッと帰るのが私のスタイルです。

効率的に筋肉を付けたいのであれば、**集中力を高めて短時間で高密度のトレーニング**をしてください。

トレーニングの後に、息が上がらなかったり、腕がパンパンにならなければ、密度が不足しています。再三述べているように、無理をするのは禁物ですが、**自分の体を痛めつけるくらいのイメージでトレーニングをする**のが大切なのです。

日々時間に追われているビジネスマンは多く、トレーニングに長い時間をかけるのはなかなか難しいと思います。こうしたことからも、高密度トレーニングは効率的です。

ただし、**時間は短くても長く続ける**ようにしてください。時間があるときにやるという気持ちでは、いつの間にか優先順位が下がり、トレーニングを週末に追いやってしまいます。そしていざ週末になると、疲れているなどの理由を見つけ、結局何もやらないまま月曜日を迎えてしまうのです。

意識を変えて、平日は毎日行うように自分自身を奮い立たせましょう。トレーニングは特別なことではなく、歯を磨いたり、お風呂に入ったりするのと同じと捉え、**日々の習慣にしてしまう**のです。

週に数回しかトレーニングをしない人もいますが、この場合、その都度、始めるのに大きな決心を要します。一方で、筋トレを日課にできれば、一気に心のハードルが下がり、サッと始められるようになるでしょう。

いくら長時間トレーニングをしても、週1回のトレーニングではいい結果を望めません。そうではなく、**短時間の集中スタイルで頻繁にトレーニングをしたほうが、確実に筋肉を付けられる**のです。

筋トレには音楽の力も活用しよう

筋トレをする際には、音楽をかけるのもいいでしょう。格闘家の中には、今でも映画「ロッキー」のテーマをかけながらトレーニングを行っている人もいます。だるいなと感じても、やる気を引き出してくれる音楽を聴いていると、自然と体を動かしたくなります。こうした工夫をするのはとても大切です。音楽が与えてくれる高揚感を活用し、トレーニングに役立ててください。

筋トレを始めたばかりのころは、腕の筋肉や腹筋も目立つほど付いていないかもしれません。ところが、やる気を振り絞ってトレーニングを続けていくうちに、徐々に筋肉が付いてくるのが目に見えてわかってきます。

私のジムでは、トレーニングの成果が誰かの体に現れたら、必ずお互いに褒め合うようにしています。

「結構、筋肉が付いてきましたね」

「いい感じじゃないですか」

こんなふうに褒め合いながら、お互いの気持ちを上げていくのです。音楽を聞くのと同じく、声かけもやる気を引き出すためのコツの1つです。

他人から褒められると、体内にはドーパミンが分泌されます。すると体は報酬を受け取ったと理解し、動きが軽やかになります。

こうして生じたハイテンションな状態を鎮まらせずに、やる気を効果的に引き出して筋トレに励んでください。

PART 2

筋トレ効果を最大限に引き出す方法

強くなるために欠かせない男性ホルモン

私は6歳から柔道を習い、その後10歳になるとレスリングを始めました。以来ずっと、格闘家としての人生を歩んでいます。

では、私のような格闘家に必要なものは何だと思いますか？

強靭な肉体、闘争心、瞬発力など、実に多くの要素があるのですが、それらの中でも、私は男性ホルモンに着目しています。

確かに、強靭な肉体や闘争心、瞬発力は格闘家には欠かせません。しかし、これらを引き出すには、まず**男性ホルモンの分泌を促す必要がある**のです。仮に男性ホルモンが枯渇してしまったら、相手に果敢に立ち向っていくことはできません。

私が出場する総合格闘技の試合会場の控室に知り合いを招くと、彼らはよく「野獣が解き放たれた檻の中に入ってしまったような感じがする」という感想を漏らします。

どうしてそう感じるのか……。おそらくそれは、格闘家たちが発する男性ホルモンの〝威圧感〟に圧倒されるからではないでしょうか。

男性ホルモンの強烈な分泌が、格闘家の強さを作り上げているのは間違いありません。事実、強いファイターほど男性ホルモンを多量に分泌させるための「何か」を行っています。

男性ホルモンが必要なのは、何も格闘家に限ったことではありません。ビジネスマンとして、日々の生活を力強く過ごしたい人にとっても、このホルモンは大きなパワーとなります。

この男性ホルモンを作り出しているのはコレステロールです。赤身の肉、たまねぎ、牡蠣を食べれば、体内の善玉コレステロールは増やせます。

コレステロールを増やした後は、男性ホルモンの分泌を促してください。そのために必要なのが、筋肉を使った運動です。**筋トレなどを通じて男性ホルモンが分泌されると、人は肉体的にも精神的にも強くなれます。**

男性ホルモンの一種としてよく知られているのがテストステロンです。このホルモンが分泌されると、女性からもてると言われたりします。

興味深いのは、**他人から褒められたり認められたりしても、男性ホルモンの分泌が促される**ことです。

男性ホルモンにはこうした性質があるので、例えば、奥さんに褒められると分泌され、逆にけなされたりすると分泌は一気に止まってしまいます。格闘家の場合、試合に勝つと多量に分泌され、負けると分泌量は低下していきます。「勝者に与えられるホルモン」と呼ばれるのは、こうした特徴があるためです。

「褒められると分泌される」という性質をうまく利用すれば、筋トレに対するやる気を引き出せます。

前パートでも触れましたが、私のジムでは、体に筋肉が付いてきたことに周囲の人が気づいたら、「すごいですね、だいぶ筋肉が付いてきましたね」と声をかけるようにしています。要するに、褒め言葉を投げかけることで男性ホルモンのさらなる分泌を促し、トレーニング持続のためのモチベーションを高めているのです。

トレーニングは空腹時に行おう

ホルモンの存在は、私たちの行動に大きな影響を与えます。男性ホルモンだけでなく、その他のホルモンによっても体の状態は変化していきます。

一般的によく知られているのが、アドレナリンです。このホルモンが分泌されると「闘争・逃走反応」と呼ばれる状態が生じ、人間の交感神経にスイッチが入ります。

古来、人間は自分に危害を与えそうな〝外敵〟が現れたとき、自分の身を守るために、その敵に立ち向かうのか、それとも逃げるのかを決断してきました。そんな場面に遭遇すると、**私たちの体はアドレナリンを分泌して交感神経を覚醒させ、闘争もしくは逃走の準備態勢を整える**のです。

格闘家が試合に臨む際にも、このアドレナリンが大量に分泌されます。アドレナリンの分泌によって神経が一気に高ぶり、打撃を受けても痛みを感じないことさえあるほどです。

こうした体の仕組みを普段のトレーニングにも活かしてみてください。

例えば、アドレナリンの分泌を促せば、少々きつい運動にも耐えられます。ただし、いつまでも交感神経が副交感神経よりも優位のままだと、体にストレスがかかり過ぎて不調をきたす場合もあるかもしれません。これを避けるには、緊張状態とリラックス状態をうまく切り替えて、メリハリをつけるといいでしょう。

筋トレの際、**男性ホルモンと同じくらい大切なのが成長ホルモン**です。このホルモンを分泌させるには、ストイックかつ徹底的に体を鍛えること。これに加え、食事制限を行えば、さらなる分泌を促せます。

成長ホルモンに拮抗するのが、インシュリンです。食事をするとインシュリンの分泌が生じるため、成長ホルモンは出てきません。筋肉を付けるためには、成長ホルモンの効果は不可欠なので、インシュリンを抑える必要があります。

ではどうすればいいのか。その答えは、**空腹の状態でトレーニングする**ことです。

これによりホルモンの分泌が高められます。

食べ過ぎは体に良くないと言われますが、なぜいけないのかというと、飢えの心配から自らを遠ざけ、常に満たされた状態にしてしまうからです。

こうなると、人は〝闘う〟意味を忘れ、〝頑張る〟気力を失います。ですから、飢えている状態、まさにハングリーな精神状態に身を置くことが、トレーニングの際には必要なのです。

ここでのポイントは、順序を守ること。**成長ホルモンを効率的に分泌させるには、運動を先に行い、食事を後回しに**してください。

また、どんな運動をするのかについても考えなくてはいけません。成長ホルモンは、体をぎりぎりのところまで追い詰めていくと分泌されるので、とにかくハードな運動を行うことです。最大限の分泌を促すには、**ジョギングなどの有酸素運動ではなく、筋トレのような高密度トレーニング**を行ってください。

「今の自分では生き残れない」

「このままでは死ぬかもしれない」

これほどまでに追い詰めて、自分は変わらなくてはいけないと本気で思ったとき、成長ホルモンが分泌され、結果として、肉体に変化がもたらされるのです。

ただし、注意してほしいこともあります。

自分の限界を超えてトレーニングをすると体を壊す恐れがあるので、ぎりぎりのところまで追い詰めて筋トレを行う場合はトレーニングの時間を短縮するなどの調整をしてください。

悪にも善にもなるインシュリン

ホルモンの話をさらに続けます。

男性ホルモンと成長ホルモンは、すでに触れたように、筋肉を付ける際に欠かせないものです。これら2つの性質は似ているものの、生成過程は異なります。

まず、男性ホルモンはコレステロールから作られるので、このホルモンを分泌させたいのであれば、先ほども述べたように赤身の肉、たまねぎ、牡蠣などの食べ物のほか、脂質を摂取する必要があります。「肉を食べてスタミナを付けよう」というのは、生理学的に言うと、脂質を摂って男性ホルモン（テストステロン）を分泌させようという意味なのです。

一方、成長ホルモンはアミノ酸の摂取によって分泌が促されます。

どちらのホルモンも、**筋肉を増やし、体脂肪を減らす役割を果たす**ので、体づくりをする際には、これら両方を体内で分泌させることが重要です。特に**成長ホルモンは体脂肪を活発に燃やしてくれる**ので、太り気味の人には欠かせません。

同じホルモンでも、男性ホルモンや成長ホルモンとは異なり、**インシュリンは体脂肪を増やす**働きをします。インシュリンの過剰分泌を避けるには、食事に注意しなくてはなりません。

例えば、脂質の高いスナック菓子やファストフードを暴食してインシュリンの分泌を上げると、体脂肪が一気に増えてしまいます。

スナック菓子やファストフード以外でも、カルビのような脂身の多い肉も高脂質です。したがって、食べ過ぎると脂質の蓄積につながります。もちろん筋肉も付きますが、確実に体脂肪をため込んでしまうので注意しなければなりません。力士やプロレスラーがカルビとご飯を一緒に食べるのは、体脂肪を多く取り込んでできるだけ体重を増やしたいという意図があるからです。

トレーニングによって理想の体をつくりたい人は、カルビより脂肪分の低いロースを選ぶと体脂肪の増加を避けられます。食事をする際には、**筋肉と体脂肪の2つの観点を軸にして何を食べるか考える**といいでしょう。

糖質の摂り方にも注意を払ってください。実のところ、**インシュリンの分泌を最も促すのは糖質**なのです。ですから、どうしてもカルビが食べたい場合は、ご飯（糖質）は少なめにするか、抜くといいでしょう。それまでに口にしたものを思い出して、脂質が多いなと思ったら、糖質制限をしてください。食べたものが低脂肪のものばかりなら、ご飯を食べてもかまいません。

筋肉を付けるという視点から言うと、インシュリンは必ずしも悪ではなく、筋肉の増強を促してくれる強力なホルモンでもあります。ただし、脂肪増に結び付くので、過剰な分泌は確実に「毒」になると覚えておきましょう。

食べる物には常に気をつけよう

脂肪分といえども、適度に摂取するのであれば体に害はありません。私の運営するジムでも、**男性ホルモンの分泌を促すための方法として、適度な脂肪分を摂るのをすすめている**くらいです。ここがダイエットを主眼としたトレーニング法とは違うところではないでしょうか。

ダイエットを目的とした場合、脂質カットは必須なので、ささみや赤身肉を食べることが推奨されます。ところが、これをやり過ぎると、男性ホルモンの分泌が低下してしまいます。

また、**「戦える体」をつくるという点では、ある程度の糖質は摂取しなくてはなりません**。糖質が不足すると、闘争心が失せてしまいます。私のこれまでの実体験から言っても、減量失敗は糖質コントロールを誤ったことが原因になっています。糖質が不足すると、ガツガツした気持ちが起きず、戦う気がわいてこないのです。

登山をする人たちの間に「シャリバテ」という言葉があります。「シャリ＝飯（糖質）」が不足してバテる……つまり、登山の途中で体内の糖質が不足し、低血糖状態になってしまうことを指します。力を発揮するには、糖質は絶対に欠かせないのです。

戦える体が必要なのは、なにも格闘家だけに限りません。強い体や精神力が必要なのは、ビジネスマンも同じです。戦いが求められるのはリングの上だけではないのです。体と心の両面が前向きにならないと、仕事にも身が入りません。いつでも戦える態勢を整えるためにも、食事を通じて脂質と糖質の適度な摂取に常に気を配ってください。

脂質の高い食べ物——肉の脂身、マヨネーズ、卵黄、ナッツ類、ゴマ、生クリームなど

糖質の高い食べ物——白米、食パン、ベーグル、麺類、イモ類、生クリームなど

「暴飲暴食」を避けるために

朝食と昼食を食べて、夕食は抜くという食事法を実践している人がいます。体重を減らすための手段として一定の効果は発揮してくれるのかもしれませんが、私はこの方法をすすめていません。

この方法の問題は、夕食時の空腹をがまんして、逆にストレスを抱え込んでしまうことです。また、夕食を食べる楽しみも奪ってしまいます。就寝中に行われる体づくりのための栄養補給もできないので、やはり得策とは言えません。

仮に**食事をカットするのであれば、朝食か昼食を省いてみる**といいと思います。朝や昼の時間帯は夜に比べて断然忙しいので、どちらかを抜けば時間も作れますし、おなかがすいても1日の最後にしっかりとした夕食を取れるとわかっているので、ストレスをためることにもなりません。

筋トレと一緒で、体重をコントロールする際もその努力を長続きさせるのが重要なのです。一時的であれば、筋肉を付けたり、ダイエットに成功するのはさほど難しくはありません。難しいのは、その状態をキープできるかどうかです。それを可能にするには、楽しい側面を残しておくと同時に、ストレスになるような方法を取り入れないことです。

トレーニングが習慣化されると、いい状態の体を維持したいという気持ちのほうが強くなるので、暴飲暴食は自然に避けるようになります。暴飲暴食は、体をひどく疲れさせます。経験したことがある人も多いと思いますが、お酒をたくさん飲んで、締めのラーメンを食べて起きた翌朝は、気持ちも悪いし、体も疲弊しています。あの疲労感といったら、相当ハードなトレーニングをこなした後よりもきついものです。これは、体が一晩中消化活動のために酷使され、少しも休めていないからです。

こうした経験も、トレーニングを続けていくと体調に関する意識が高まるので徐々に減ってくると思います。筋トレによって成果を得るほうが、好きなだけ飲んだり食べたりするより楽しいと感じられるようになれば、飲食に対する執着は弱まっていくでしょう。努力の末に手に入れた引き締まった体を、暴飲暴食によって手放すのは何があっても避けましょう。

「この脂身を食べたら、確実にカロリーオーバーになるだろうな……」

体づくりが関心事の中心になれば、こんな考えがすぐに頭に浮かび、カロリー計算を自動的に行う癖がつきます。

「どうしても食べたいなら食べてもいいけど、明日の朝食はお米を控えよう」

仮にがまんできずに食べてしまった場合でも、こうした調整方法を考えられるようになるでしょう。

体づくりがうまくいけば、体調が確実に良くなります。また、朝起きるのが楽になったり、スポーツをするのが楽しくなったりするなど、**今まで自分が経験したことのない新しい感覚に触れられる**はずです。これらを実感しながらトレーニングに臨んでいけば、プラスのサイクルの中にいつまでも自分の身を置けるのです。

鏡に映る自分の姿に偽りなし

いつでも好きなものを食べたり飲んだりできる状態にするには、調整が必要です。例えば、夜に外で飲食する予定なら、朝と昼を軽めにするとか、翌日の食事を軽めにするなどの工夫をしましょう。

聞くと簡単そうに感じるかもしれませんが、慣れていない人がこれを実行するのは容易ではありません。最初のうちは、これまでの習慣からお酒の後にラーメンを食べてしまったり、前後の食事にまで意識を向けることはなかなかできないはずです。しかし、ここで踏みとどまって、これまでの習慣を変えられれば、確実に変化を実感できます。

一度変化を実感すると、それが嬉しくなって、さらなる変化を自然に求めるようになると思います。このサイクルに入ることができれば、あとはさほどの努力を必要としません。事実、「締めのラーメン」を食べたいという欲求はかなり弱まってくるでしょう。仮に食べたいという欲求がわいてきても、それを食べることでこれまでの努力を台無しにしてしまうので、「やっぱりやめておこう」という意識が働くようになるはずです。

意識が高まってくると、自分の体に対する思いが強くなっていきます。この段階になってくると、無意識に鏡を見ることも増えてくるでしょう。自分の体に筋肉が付いてくると体型もスリムになるので、その姿を鏡に映して眺めてみたいと思うようになるものです。

鏡は絶対にウソをつきません。そこにはありのままの自分が映し出されます。前の晩に飲み過ぎれば、むくんだ顔の自分が鏡に現れるはずです。反対に、いつものように筋トレを行い、正しい食事をして十分な睡眠を取った翌朝は、すっきりした顔の自分に気がつきます。この段階にまでたどり着ければ、筋トレの習慣化はほぼ達成できたと考えていいでしょう。

鏡を見ながら自分の様子をチェックすることは、筋トレを通じた体づくりのモチベーション維持に非常に役に立ちます。

鏡に映る変化に敏感になると、「明日トレーニングがあるから、今日は深酒をするのはやめよう」という考えが自然と頭の中に浮かんできます。トレーニングが習慣化されると、それがより大切なこととなり、深酒を押しとどめてくれるのです。

とはいえ、鏡に映る自分の変化は、週に1回ほどのトレーニングではなかなか実感できません。変化があったとしても、自分にしかわからないようなほんの少しの変化なので、自分から告げない限り、周囲の人はなかなか気づいてくれないでしょう。

黙っていても気づいてもらえるくらいの変化を遂げるには、日々トレーニングを行う必要があります。1回のトレーニングに長い時間を費やす必要はありません。短時間でいいので、自分にとって少しきつめだなと感じる量のトレーニングを行ってみてください。

長期にわたって続けられれば、身体を強靭に変えるだけではなく、健康面、精神面にもいい影響を与えてくれます。

20年前の自分の写真と比べてみよう

トレーニングを日常的に行うようになると、体調の良し悪しもすぐにわかるようになります。仮に前の晩に食べ過ぎていたりすれば、トレーニングをする前から動きの鈍さが明確にわかってしまうのです。

飲酒をし過ぎても、その影響を敏感に感じ取れるでしょう。**トレーニングをしていると、体調に関する感覚が研ぎ澄まされていく**のです。

一方、トレーニングをした経験がなく、生活スタイルも乱れがちな人の場合は、体調の良し悪しを判断する基準を持っていないので、ダメなことをしているとわかっていても、それがどのくらい自分の体に悪いのかが明確に判断できません。

自分の今の体の状態がどうなのかを知るための、ちょっとした面白い方法があります。**20年前の自分の写真を探し出し、今の自分の姿と比べてみる**のです。

その際、顔の大きさを見比べてみてください。20年の間、暴飲暴食を続けてきた人の顔は、20年前と比べてみると、かなりむくんでいるはずです。

この現象は、疲れがたまり、腎機能が低下しているケースで見られます。塩分の摂り過ぎになっている可能性も大です。お酒によく合う塩分の高いおつまみを食べ過ぎていませんか？　もしくは、深夜にラーメンを食べ、スープを飲み干していませんか？　**塩分の摂り過ぎは腎臓に悪影響を与える**ので、控えめにしなくてはいけません。内臓の不調はしばしば顔に出てくるので、変化を見逃さないようにすることが大切です。

以前に、顔に変化が出るということを実感した出来事があります。学生時代、小顔が特徴だった知人がいました。数年前、その彼に十数年ぶりに再会したのですが、昔の小顔は見る影もなく、ぶくぶくとむくんでいたのです。

どうしたのか気になって聞いてみると、普段、しょっぱくて脂っぽいものばかり食べているとのことでした。おそらく腎機能が低下してしまい、顔がむくんでいたのでしょう。

昔の自分の写真を眺めながらこの20年間の食生活を振り返ってみると、いろんなことに気づけると思います。

体の変化という観点から言うと、顔写真からは判別できないでしょうが、例えば足がむくんできているようなら心臓が弱っている疑いがあります。こうした変化にも目を向け、自分の体の状態を常に把握するようにしてください。

PART 3

筋トレを長期継続するために不可欠なボディーケア

自分の体調をはかる「基準」を持つ

30代後半になると、体の不調を感じる人が増えてきます。友だち同士の間でも、「最近、○○キロ太ったよ」とか、「腰が痛くてさ」といった会話が増えたりするのがこの時期です。

前パートでも述べましたが、なんとなく調子が悪いという自覚はあっても、「調子が良い」状態と「調子が悪い」状態を明確に判断する基準がないので、不快に感じながらも調子が悪い状態をずるずると引きずってしまう人がたくさんいます。

こうした状況を断ち切るのが、トレーニングです。

トレーニングを始めると、いくつもの「基準」が自分の中にできあがります。例えば、腕立て伏せの回数が基準となり、その多寡によって自分が好調なのか不調なのかがわかってきます。もしくはジョギングの際の体の動きを基準とすることでも、体調の良し悪しを判断できるようになるでしょう。

このように、運動をすると常に体の状態を意識させられるので、自分が今どういうコンディションにあるのか、細かくわかるようになるのです。

一流のアスリートたちは、自分の基準を持ち、それに従ってしっかりと体調管理をしています。日々、体重を確認するのは当たり前ですし、少し増えていれば、「最後のあのひと口がいけなかったかな」と原因をすぐに突き止めます。

実際のところ、体調管理がしっかりしていれば、体重計に乗らなくても、1キロ単位で自分の体重がわかるようになるのです。それほどまでに**自分の体に対する感覚が研ぎ澄まされていきます**。


一度始めたトレーニングを止めてしまうのは、このような感覚や、せっかく手に入れた基準を放棄することを意味します。

トレーニングを止め、調子の悪い状態を放置しておくと、最悪の場合、「痛み」が体を襲ってくるかもしれません。そしてある日、体のどこかに痛みを覚えて病院に駆け込むと、病気が見つかったりするのです。

これはあくまでも最悪のパターンですが、こうなってから後悔してもどうにもなりません。

体調に関する基準を持っている人は、仮に病気になっても治療がスムーズに進みます。体の状態を把握できている人は、治療を施す側に的確な情報を与えられるからです。反対に何の基準も持っていない人は、「痛い、痛い」と訴えるだけで、つかみどころがありません。

健康な体を維持するためにも、体調の良し悪しが判断できる基準を持つようにしてください。

自分の体を大切にしよう

自分の体のどこかから「具合が悪い」というサインを受け取ったら、それを無視せずに原因を突き止めるようにしてください。このサインを無視し続けると感覚が鈍くなり、次第に体が発するサインに気づけなくなってしまいます。そうならないように、体をいたわり、健全な状態を維持することが大切です。

体をいたわっていない人がよくやってしまうのが、暴飲暴食です。のどが渇いたからといって、冷蔵庫から冷たいお茶を取り出して一気飲みしたりすれば、おなかにいいわけがありません。何が体に悪いのかを考えないと、体調不良をいつまでも繰り返してしまうことになります。

体をいたわらない人の特徴の1つは、すぐに薬剤に頼ろうとすることです。よくあるのが、消炎鎮痛剤（痛み止め）の利用です。

血液の流れが過剰になって起きる炎症は、ズキズキとした痛みを伴います。消炎鎮痛剤はその炎症を消すのが目的ですが、同時に血液の流れを悪くしてしまうので、治りを遅らせたりします。やたらと湿布に頼る人もいますが、これも考えものです。消炎鎮痛剤を飲んだり、湿布を体に貼ったりすると、本来治癒のために必要な血流も途絶えるので、けっして体にいいものではありません。痛みをとりたいからといって、炎症そのものを過度に抑えるのは控えましょう。炎症は治癒過程の1コマであり、必要悪と捉えてください。

体の痛みを治すには、基本的に温めることです。安易に薬に頼らず、体が持つ自然治癒力を最大限に活かす方法を考えましょう。消炎鎮痛剤や湿布を使用すると痛みを感じなくなるので治ったと勘違いしますが、実は問題の根本解決を先送りしているだけです。治癒の基準は、痛みがあるかないかではなく、**痛めた部分を動かせるようになったか**に置いてみるといいでしょう。鎮痛ばかり考えていると、回復を長引かせ、パフォーマンスの低下を招きます。

自分でできるボディーケア

体に痛みを感じたら、自分の手を使って実際にその部分に触ってみてください。痛みは体から発信されているメッセージなので、まずはそれを受信してみるのです。

実際のメールでも、メッセージを送ったのに返事がないと不安になるでしょう。それと同じで、体からのメッセージを無視し続けると、体はさらなる痛みによってメッセージを伝えようと試みます。

体に少しでも違和感を覚えたら、すぐに体に触れてみましょう。マッサージの原点は、まさにこの「触る」にあります。

体に触った後は、痛い部分をさすってみてください。この2つをしただけで、大半の痛みは治まるものです。

痛みは、不安な気持ちの表れです。つまり、体を安心させることで痛みは治まっていきます。体は自然治癒力を持っているのです。自然治癒力を活かし、血の巡りを確保できれば、だいたいの病気は治ってしまいます。ケースによっては骨折だって自力で治せるほどです。

不安な気持ちが増幅されると、患部に流れるべき血液が他のところに行ってしまい、治癒力を引き出せません。触ったりさすったりしながら、治癒力を高めることが重要なのです。また、鎮痛剤の使用も自己治癒のプロセスを阻害するので、使用に関しては慎重に考えましょう。

痛いところ、気になるところはまず触ってみて、「ここが調子の悪いところなんだ」と自覚することから始めてください。

腰痛や膝痛を感じたら

日常生活を送る中で、時折、体に痛みを感じたりすることもあると思います。実際、腰痛や膝痛で悩んでいるという話は私自身もよく耳にします。

痛みには、自発痛と運動痛、圧痛があります。**体を動かしていないのに痛みを感じるのが自発痛**です。この場合は炎症が起きている恐れが濃厚です。一方、**動くと痛みが生じるのが運動痛**です。痛みが生じないように安静にしていれば、運動痛は自然に治っていきます。3つ目の圧痛ですが、これは近い将来、異常が生じる可能性を知らせてくれるものです。**圧痛は潜在的な痛み**なので、マッサージを受けないと明確に感じません。ただし、この痛みをマッサージによって事前に把握して治療しておけば、将来、起きるかもしれない体の故障を回避できます。

マッサージを受けるメリットは、「ここが疲れているんだな」と気づけることです。

ところが、通常は事前に気がつかずに状態を悪化させてしまうケースがほとんどです。たいていの人はトラブルが起きてから対処しようとするため、治癒にも時間がかかってしまいます。

針治療をしたところ、痛みが一度で治まり、驚いたという話をしばしば聞きます。考えられるのは、体が過敏になっていたということです。針によって緊張がとれ、痛みがとれたのでしょう。もしも体に深刻な問題があるなら、1回の治療で治すことはできません。

体が過敏になると、ちょっとしたストレスを感じただけで〝安全装置〟が働き、圧痛が発症する場合があります。こうしたケースでは、早めの処置をすべきです。大事に至る前の段階で治療を受ければ、短期間で正常な状態に戻れます。深刻な状態になってからでは、どんな名医でも時間をかけて治療しなくてはなりません。

いずれにしても、体に痛みなどの違和感を覚えたら、まずは手を当てて、さすってみてください。それでも調子が悪いときには、医療機関に相談してみましょう。

最後の〝ねばり〟は良質の睡眠から生まれる

「気持ちが強ければ耐えられる」

「メンタルが強ければ、スタミナ切れなんかしない」

格闘技の世界では、このような精神論を唱える人が少なくありません。ただし、これらはまったくの間違いだと私は思っています。

よく観察すると、現役時代に自分を極限まで追い込むような練習をしたことがない人ほど、こうした精神論を説いたりする傾向があるようです。一方、トレーニングのことを熟知している指導者は、練習量をあまり多くしませんし、精神論に逃げたりもしません。

しっかりと体がつくれていれば、精神論に頼らずとも自然に体は動きますし、ねばりも出てきます。実際に体が強くないと、〝気持ち〟があってもつらいときに持ちこたえるのは困難なのです。もうひと踏ん張りするなら、内臓の調子を良くし、体全体も快調である必要があります。そうでなければ最後の底力は出てきません。

ビジネスマンにしても、体調が万全でなければ、仕事上の重要な場面でねばりは出てこないと思います。

ねばりを発揮するには、日々のトレーニングに加え、睡眠にも注目してください。**毎晩十分な睡眠をとることは、日々のトレーニングと同じくらい重要**なのです。

私はいつも、最低6時間は眠るようにしています。大学時代に遡れば、今よりも長い時間寝ていました。実際、所属していたレスリング部の主将になったときなどは、十分な睡眠をとるために朝練を廃止してしまうほどだったのです。

そもそも朝練には無理があるというのが、当時の私の考えでした。

5時半に起きて、練習を1時間やって、朝食を食べて、大学に行く……。授業が終わると、今度は5時半から8時半まで練習して、夕食を食べた後、寝るという生活が延々と続くのです。こうしたスケジュールの合間に雑用などを済ませないといけないので、睡眠時間が6時間を切ってしまうことがよくありました。

それで思い切って、朝練なしにしたのです。また、午後の練習時間も長すぎるので、半分の1時間半に縮めることにしました。

大学のレスリング部なので、部員はすでにレスリングに精通しています。イチから教える必要はなく、自分で考えて練習もできます。そこで私は、全体練習の後に、技の研究を個人的にする時間を作り、必要がなければ、練習を終わらせてもいいと決めました。

そのせいで監督からは不評を買いましたが、私の代のチームは団体戦をすべて制し、負けなしでした。結果は火を見るよりも明らかだったのです。

寝る間を惜しんで仕事をするという言い方がありますが、これは絶対に通用しません。長い目で見ると、しっかりと寝ている人が結果を出すのです。睡眠不足では、物事をまともに考えることはできません。

ヨガには、夜になると毎日死が訪れ、朝になると生まれ変わるという考えがあるそうです。**1日の中に生死のサイクルがあり、これによって新陳代謝を図って体を整えていく**という意味でしょう。

このサイクルに従えば、規則正しい生活を送れるはずです。しかし実際は、夜の時間帯になってもいろんな雑念が頭の中に渦巻き、潔く〝死にゆく〟ことができない人が多いのではないでしょうか。

1日の最後を安らかな眠りで締めくくるには、就寝前に雑念を呼び寄せないように、「今日1日、十分やった」という達成感を抱けるように活動するのも大事です。

良質な睡眠がとれていないと感じている人は、**針治療を利用し、快適な睡眠を得る方法**を試してみてもいいでしょう。特に痛みがなくても、針を刺してストレスを与えれば、体をぐったりとさせて深い眠りに誘ってくれます。

筋トレができなかったときなど、代わりに針治療を受けて睡眠の流れを作るのも1つの方法です。

十分な睡眠が病気の芽を摘み取ってくれる

睡眠に関する話をもう少し続けます。

体づくりをするのなら、やはりできるだけ長い時間寝ることです。大人になると仕事を優先させてしまい、どうしても睡眠時間を削ってしまいがちですが、仕事に割り振る時間が欲しいのであれば、夜ふかしをせずに早く寝て、早起きをして時間をつくるべきです。

しっかりと寝て起きた朝は、起きた瞬間から体の調子がいいですし、顔のむくみなどもありません。こうしたコンディションで仕事に向き合えば、効率も上がるはずです。

よく聞く話に、ショートスリーパーの話があります。彼らは3時間の睡眠で十分生活できると言います。確かに、そういう体質の人もいるでしょう。実際、脳の疲労を回復させるだけなら、3時間の睡眠で十分です。

しかし、肉体を回復させようと思ったら、3時間では足りません。睡眠の効能には、筋肉の修復だけでなく、免疫機能の向上も含まれます。つまり、**眠ることによって病気の芽を摘み取る**のです。

これらを行っているのが、睡眠時に分泌される成長ホルモンです。成長ホルモンは、体のいたるところに働きかけて調整を行う優れたパワーを持っています。

短期的に見ると、起きている時間が長いショートスリーパーは多くの仕事をこなしているように映るかもしれません。ところが、長期的に見ると、早死にしてしまう危険性を高めています。この点については十分に気をつけなくてはいけません。

私が指導しているトレーニングは、健康体を末永く維持するコンセプトを基にしているので、十分な睡眠をとることは必須事項です。そうするほうが、結局は長期にわたる活躍につながるのです。

とはいえ、ビジネスマンの場合、1日に8時間も寝るのは難しいかもしれません。

だとしても、**6~7時間は寝るようにしてください**。私自身、早いときは夜の10時ごろには寝てしまいます。7時間寝られるようになると、朝の目覚めもよく、力がみなぎる感触を得られます。

高密度の筋トレによって体を追い込んだ翌日は、起床時に「ここはどこだっけ?」と思うくらい爆睡することもあります。

深い眠りを誘う効果も期待できるので、ボディーケアという側面からも日々のトレーニングは欠かせません。

ストレス物質を外に出そう

怒られたり、悲しいことがあったりすると、人は涙を流します。泣くという反応によって、ストレス物質を外に排出しているのです。

極度なストレスを抱え、リストカットをする人もいます。この場合は、出血によってストレス物質を外に出していると考えられるのかもしれません。

発汗もストレス物質を外に出す生理反応の1つです。**運動をすると気分が晴れるのは、汗をかくことでストレスを発散させているから**です。ストレスの原因は心にあると捉えがちですが、実際は体のほうに問題があるのです。

東洋医学では、心のケアという考え方はないと聞いたことがあります。体さえ健康であれば、心の問題は生じないというスタンスなのです。

泣いたらスカッとする、血を流したら楽になる、運動をして汗をかいたら気持ちが良くなるなど、「動作」によって気分を変えることはいくらでも可能だと思います。メンタル面に焦点を当てるのではなく、**体を動かして変化を与え、ストレスや悩みを解消する**ことも視野に入れてみてください。

極端な例ですが、自殺願望のある人は、自分の体を大事にするという発想がないと考えられます。このことを考慮しつつ、自殺願望のある人に自分の体に興味を向けさせ、いたわる気持ちを持ってもらえれば、自殺願望を弱められるかもしれません。

体を動かし、その動きに快適さ、軽快さを感じることができれば、必ず気持ちに変化が起こります。再び自分の体に興味を持てれば、それを自らの手で破壊することなどできません。

このことからもわかるとおり、**体を鍛えると心の状態も良好になる**のです。心を主、体を従だと考えず、体が主であると考えてみましょう。

緊張を取り去る方法

精神的に緊張すると、体が固くなり、背中が丸まっていきます。開かれた状態ではなく、ふさぎ込んだ姿勢になるのです。このときに無理やり体を伸ばそうとしてもなかなか伸びるものではありません。

こうした状態になってしまったら、あえて体に力を入れ、可能な限り体を硬直させてみてください。その後、一気に力を抜いていくのです。

これを何度か繰り返すと、体の硬直が取れていくはずです。これは**筋弛緩法**と呼ばれるテクニックの1つです。即効性があるので試してみるといいでしょう。

「体の力を抜いてリラックスしてください」という言葉をよく聞きますが、厳密に言うと、この言葉ほど理にかなっていないものはありません。なぜなら、人は意識的に力を入れることはできても、緩めることはできないからです。だらりと完全に緩むのは、死んだときだけです。

筋肉の緊張を和らげたいのであれば、精一杯力んで、その状態から力を抜き、通常の状態に戻すといいでしょう。

体が固い人は、筋トレ不足だと認識してみてください。体を触ってみて、カチカチに固い場合は、深刻なケア不足だと言えます。普段からケアをしている人の体は、本当に柔らかいものです。

2000年のことですが、オリンピック選手としてシドニー五輪での試合を目前にしていた私は、減量に悩んでいました。

もしかしたら試合に出られないかもしれないという焦りだけでなく、対戦相手が強豪であるというプレッシャーにもさらされていました。

そのとき、トレーナーとして帯同してくれた兄にマッサージをしてもらったのです。普段、私の体はモチのように柔らかいと言われていたにもかかわらず、指が体に入っていかないくらいカチカチに固くなっていると言われました。様々な重圧が体にのしかかり、その影響が体に如実に表れていたのです。

心と体は一体ですから、心理的な緊張はすぐに体にも出てきます。鏡をみて自分のコンディションを確認するのと同じ発想で、普段から自分の体を入念に触るようにしてください。特別なマッサージは必要ありません。「手当て」という言葉があるように、触っているだけでも緊張が緩んでくるのが実感できるはずです。

数多いサウナの効用

お風呂の入り方にも工夫の余地があります。これから紹介する工夫を施せば、体調管理に役立てられるはずです。

まず、トレーニング前にお風呂に入ってしまうと、体を動かすのが面倒になってしまうので、トレーニングの前の入浴はやめたほうがいいでしょう。

夕飯を食べてすぐに入浴するのも避けたほうが無難です。食後は消化のために血液が胃に集まります。入浴の効果は、体を温めて全身の血行を良くすることですが、食べてすぐに入浴すると、消化のために胃に集中していた血液を散らしてしまい、消化によくありません。食事をした後は、時間を置いて入浴するようにしてください。

機会を見つけてサウナに行くと、家ではできない入浴方法を楽しめます。

私が実践しているのは**交代浴**です。**温かい風呂に入った後に、水風呂に入ることで血管の収縮を促し、血行を良くしていきます**。ただし、心臓への負担が大きいので、心臓が弱い人にはおすすめできません。

心臓が弱い人にも楽しめる方法はあります。サウナには、横になれるお風呂があるので、これはぜひ利用してください。

普通のお風呂と横になれるお風呂では、体にかかる水圧の度合いが大きく変わります。浴槽が深ければ、それだけ体にかかる水圧が高くなり、心臓に戻ってくる血流の勢いが強くなります。心臓をはじめ循環器系が弱い人は、体を横にして入浴するほうがいいのです。

サウナが健康にいいのは、**体を温めて発汗できる**点です。ジョギングをする人も、実は走ることよりも発汗するのが好きだったりする場合があるほどです。

サウナ風呂も同じ。暑いところに身を置き、汗をかくことで快感を得られます。

身体から水分が排出されると、顔のむくみが取れ、すっきりとした精悍な顔つきに変わっていきます。これも排出がもたらすプラス効果の1つです。

汗をかくと、それと一緒にストレス物質も体外に排出されます。さらに、汗をかくことで体内の余分な塩分も外に出ていきます。サウナ風呂は体にとてもいいのです。発汗によって得られるメリットは多いので、サウナではこれらのプラス効果を最大限に享受してください。

シャワーですませてしまう人がいますが、シャワーは体をキレイにするだけで、それ以上の効果は望めません。これらはまったく別ものなので、その違いを認識するようにしましょう。

上手な睡眠のとり方

人は、安心安全が確保された状態でないとなかなか眠れません。これは、猛獣にしばしば襲われていたはるか昔の記憶が残っているからだと言われます。

現代では猛獣に襲われる危険性はありませんが、大昔からの習性がまだ残っているためか、安心安全な環境を作らないと休息状態に入れません。

では、現代社会で安心安全な環境を作るのに必要なのは何でしょうか。それは、**体を温める**ことです。言ってみれば、母親のおなかの中にいるような状態を作ればいいのです。冷えていてもダメですし、逆に暑すぎても体が火照って眠れません。少し暑い状態から段々に体温が下がっていくと睡魔が襲ってくるので、このタイミングを逃さずに睡眠に入るといいでしょう。

睡眠中には免疫力が自動的にアップされます。睡眠は体にとっていいことづくしなので、絶対に軽視してはいけません。

入浴によって体を温め、その後ゆっくりと体温を下げていけば、スムーズに寝入ることができるものです。ところが、このタイミングでテレビやスマホを見てしまうと脳を覚醒させてしまい、すぐに眠れなくなってしまいます。

成長ホルモンは、就寝後、日付が変わってすぐのころに多く分泌されます。寝ているだけで成長ホルモンというご褒美をもらえるのに、それをみすみす逃してしまうのは非常にもったいないことです。成長ホルモンは脂肪の燃焼にも効果があり、体のコンディション調整には欠かせません。

成長ホルモンが分泌されるのは、睡眠中とトレーニングを行ったときの1日2度だけです。トレーニングをすると、この体ではいけないと体が感じ、もっと強くなろうとして成長ホルモンが一気に出されます。この、1日2度の成長ホルモン分泌による効果をあますことなく享受できれば、体は確実にリニューアルされていくのです。

体温調節に気を配る

体を温めてからトレーニングを行うと、ケガの予防にもなります。一流のアスリートたちが、長袖・長ズボン姿でトレーニングを始めるのはこのためです。露出度が高いウエアで運動を始める一般のスポーツ愛好者とは対照的と言っていいでしょう。**温かい状態で始めたほうが、体は柔軟に動き出す**のです。

血液が巡りやすい筋肉の部分は温まりやすいのですが、関節は冷えやすいので、サポーターをするなどして温めるといいでしょう。トレーニング開始後、体が熱くなってきたら、体温調節のためにウエアを脱ぐようにしてください。熱くなりすぎると、今度は動きが鈍ってきます。

体が熱いからといって、冷却グッズを使うことはやめましょう。体に負荷をかけないように**自然にクールダウンさせる**のがベストです。

鏡を見ながらトレーニングをすると、やる気を引き出すのに役立ちますが、室温の低い冬のジムなどで、タンクトップ姿で筋トレを始めるのは体によくありません。最初はウエアを着て、体が温まってきたら脱ぐようにしてください。

すぐに体を温めたいのであれば、お湯を飲むといいでしょう。冷え切った体では思うような動きができないので、まずは温めることを考えましょう。逆に、体がオーバーヒート状態になっているときは、冷水を飲みます。

状況によって温度の異なる水を飲み、上手に体温調節をするのがコンディションづくりの秘訣の1つです。

PART
4

筋トレと食事

摂生はほどほどに

筋トレを通じて体づくりをする際には、当然ながら自分の口に入れるものに気を配ることが大事です。そこで本パートでは、食べものや水分、サプリなどについて述べていこうと思います。

体づくりを始めると、多くの人が摂生にも力を入れようとします。ですが、あまり厳しくすると途中で挫折してしまったりするので、匙加減を考えなくてはいけません。

摂生の最たるものはダイエットでしょう。カロリー制限のために絶えず食べる物に注意を払わなくてはならないので、つらい思いをした経験がある人も多いはずです。

カロリー制限はいいことばかりではなく、ホルモンの分泌量を下げてしまうというマイナス面もあります。成長ホルモンが出なければ、体の新陳代謝が滞り、体重が減ったとしても体がリニューアルされません。また、男性ホルモンが出なければ、やる気が削がれるというネガティブ効果も生じます。

摂生のことばかり考えて、外食を控えたり、家で食事をする際にも常にカロリーに気を取られていたら、ストレスは溜まる一方です。あまり厳格にならずに、**食事を楽しむ姿勢は保ちましょう**。より重要なのは、度を越した暴飲暴食をしない姿勢です。

私自身、食べるのが好きなので、いろいろなところに出かけて食べ歩きをしています。にもかかわらず、20代のころの体型を維持できているので、「どうしてそんなに食べているのに太らないの？」とよく聞かれます。

僕が実践しているのはちょっとした工夫だけです。焼き肉を食べに行くときは、肉だけでなく野菜もたくさん食べるようにしています。ラーメンを食べるときも、スープを飲み干すようなことはしません。また、前日に少し食べ過ぎたなと感じるときは、翌日のトレーニングを長めにしたり、たくさん食べることが事前にわかっていれば、その日の朝のトレーニングをハードにしたりします。後述のように、「カーボラスト」という食べ方も実践しています。

その他、酵素ジュースを飲んだり、果物を食べるようにしたりと、**全体としてのバ**

ランス調整だけは忘れません。

「えっ、それだけ？」と思うかもしれませんが、本当にそれだけです。ただし、簡単そうに見えて、調整をするのが不得意な人もいます。そんな人たちが、ついつい暴飲暴食に走り、体重を増やしてしまうのです。


食事について付け加えると、1日3食という考え方も見直していいのではないでしょうか。**おなかがすいていないのに、朝、昼、晩と3度食べる必要はありません。**自分の体調を確認しながら、食事を抜くことも考えてみてください。

完全に抜かないまでも、フルーツだけにするなどの柔軟性を持たせてもいいでしょう。朝、昼、晩と食事は3度とるものだという既成概念にとらわれずに、自分の体調を基準にして、食べるか否かを決めるのです。

世の中には奇抜なダイエット法がたくさんありますが、長続きしやすいのは、できるだけシンプルで普通なものです。普通のことを普通に続けられれば、必ず体は引き締まってきます。

朝食は何にすべきか

朝食には果物を食べることを私はすすめています。朝はやはり糖質を摂ってほしいからです。朝の時間帯には、筋肉から糖分を奪うコルチゾールというストレスホルモンが体内で分泌されます。就寝中は何も食べない時間が続くため、朝は空腹の状態です。このタイミングでコルチゾールが出て、筋肉を削り取っていくのです。朝は、筋肉にとっては一番危険な時間帯と言えます。

コルチゾールの分泌を断ち切ってくれるのが、インシュリンです。**糖質を摂ることでインシュリンを分泌させて、コルチゾールの働きを抑えてください。**

コルチゾールは体づくりには大敵で、あらゆるところからエネルギーを奪おうとします。骨格筋だけでなく、内臓の筋肉も弱らせてしまうほどです。この作用を封じ込めるためにも、朝食は必ず食べましょう。反対に、減量のためのダイエットをしているのであれば、朝食を抜くと比較的楽に体重を落とせるので一考の価値はあります。ただしこの場合、筋肉も同時に落ち、内臓も弱ってくるので注意が必要です。

朝食抜きを続けると、最初は顔が〝すっきり〟としてきますが、そのうちに〝げっそり〟という印象に変わってくることがあります。朝食を抜いただけで、これだけの変化が起こるのです。実践している本人は、ダイエットに成功したことで満足かもしれません。しかし、これは〝戦える体〟の放棄も意味します。

例えば、朝のラッシュ時の駅で、向こうから歩いてくる人の肩がぶつかり、グラッとしてしまうほど弱々しくなるケースもあります。お尻の筋肉が落ちて、椅子に座っているのがつらいと訴える人も出てくるかもしれません。これでは日常生活に支障をきたします。ビジネスマンとして戦える体をつくるのであれば、やはり朝食抜きはやめましょう。

朝食を抜いていいのは、リカバリーをする場合です。前日、食べ過ぎたり飲み過ぎたりしてしまったせいで食欲がないのなら、無理に食べる必要はありません。

プロテインの摂取について

筋肉質の体をつくるという観点から言うと、運動前に摂取してほしいのが、プロテインです。トレーニングのテクニックの1つとして、運動を始める前に体内のプロテインのレベルを上げておくといいでしょう。

食べないで運動をすると、体内でエネルギー不足が起こります。有酸素運動のような緩やかな運動をする場合は、主に脂肪を取り崩してエネルギーを補給するので特に問題はありませんが、高密度トレーニングをする場合、筋肉が必要とするエネルギーは、脂肪ではなく糖質となります。

体内の糖質は、グリコーゲンという分子として筋肉や肝臓に蓄えられているので、仮に運動中にエネルギー不足に陥ると、筋肉を削ることで補給を始めます。これをカタボリックと言い、この現象が起きると、トレーニングの効率は一気に悪化します。

では、糖質の摂取を控え、同時にカタボリックを避けるためにはどうすればいいのか。その解決策が、グリコーゲンの代替物質としてプロテインを摂ること。これにより、エネルギー補給はもちろん、筋肉を削らずに逆に上乗せができるのです。

トレーニング中に限らず、仕事中であっても、**過度のエネルギー不足に陥るとカタボリックが起きます。これを避けるためにも、体内のプロテインのレベルを上げておく**といいでしょう。プロテインは、ネットでも簡単に手に入りますし、ドラッグストアやスポーツショップなどでも購入できます。しかし、嵩を増すために不純物を含んでいるものもあるので、内容物には注意をはらうべきです。

値段が安いと言ってバケツ状の容器で売られている輸入品のプロテインを買う人が結構います。特に、あまりお金を持っていない若い人たちがこれに飛びつくようです。ただし、これらの商品にはスポーツ界で禁止薬物に指定されている物質が入っていたりするので、スポーツ競技の公式大会などに出場する予定のある人は十分気をつけてください。

私は、品質を重視して、HALEOというブランドのアミノ酸を摂取しています。

ちなみに、プロテインはアミノ酸がいくつかつながってできたものです。

筋肉量というのは、貯金と似ている部分があります。ほとんどの人が、増やしたいという願望を抱いていますが、なかなか思うように増やせず、逆に減らしてしまいがちです。貯金のコツは、収入増を探るよりも支出減を考えることだと言います。筋肉を付けるのもこれとまったく同じです。筋肉量の増強を考えるのも大切ですが、これに加えて筋肉量の減少を避けるという視点も持つようにしてください。

塩と砂糖とアルコール

塩と砂糖の過剰摂取は体にとても有害です。これらに比べると、量にもよりますが、お酒はそれほど害ではありません。

腎臓や心臓などの内臓の負担になるのは、塩と砂糖です。こうした事実があるので、人間の体は体内の塩と砂糖の量を一定に保とうとします。これらが過剰に入ってくると、処理をする段階で筋肉や血液中に流れ込み、最終的には内臓がやられ、ひどい疲労感に襲われます。

塩分の過剰摂取になる代表例は、やはりラーメンです。ラーメン1杯の中には、多量の塩が含まれています。

ラーメンを食べるのは、自分に〝ご褒美〟を与えるときだけに限りましょう。もともと日本人は塩分の多い食生活を送りがちなので、塩分の摂り過ぎには普段から注意しなくてはいけません。ラーメンを食べるためにトレーニングをするという人もいるかもしれませんが、その場合でもスープを飲み干さないなどの配慮をしてください。

お酒はさほどの害ではないと言いましたが、何事も過ぎれば毒です。自分の限界を知ることも、体づくりには欠かせません。

二日酔いによって翌日のトレーニングや仕事に支障が出るようであれば、明らかに飲み過ぎです。アルコールをしっかりと分解できる人であれば、飲んでも次の日に残らないかもしれません。しかし分解酵素を持っていない人もいます。このタイプの人は飲む量に気をつけましょう。

ちなみに塩と砂糖に関しては、どんな人でも分解能力は変わりません。これら2つの摂取に関しては、すべての人が厳しく管理する必要があります。

ダイエットに最悪な果汁100%ジュース

果汁100%の果物ジュースを飲むことを、体にいいと思っている人がいます。ところがこれは大きな間違いです。100%の果物ジュースは、果糖の塊だからです。果汁100%とうたっていても、実際は濃縮還元なので、果物とは別物です。これをそのまま体内に流し込むと、体はものすごくびっくりして慌て始めます。**糖分を処理するためにインシュリンが分泌され、男性ホルモンや成長ホルモンの分泌が自動的に止まるという現象が起きてしまう**のです。どうしても果物ジュースを飲みたい場合は、自分でスムージーを作るなどしたほうがいいでしょう。

すでに述べたように、インシュリンの分泌は筋肉量を増やす効果もありますが、脂肪を体内にため込む働きもします。そのため、インシュリンを上手にコントロールしないと、効率的な体づくりはできません。

トレーニングの直後であれば、糖質を入れてもかまいません。ただし、それ以外のタイミングで糖質を多く含むドリンクを飲むのは、体づくりにはよくありません。私がダイエットの指導をする際には、（100％ジュースを含めて）ジュースを飲むのは止めてもらっています。

一方、**果物を食べるのは問題ありません**。こちらは消化吸収がゆっくりですし、食物繊維を一緒に摂ることができます。果物にはビタミンやミネラル、酵素が豊富に含まれているので、メリットがたくさんあります。

基本は、**飲むのを止めて、食べるようにする**ことです。食べる場合は、量が少なくても満足できますし、インシュリンの分泌も一気には上がりません。

ダイエットがうまくいくかどうかは、どれだけインシュリンの分泌をコントロールできるかにかかっています。インシュリンは強力なホルモンで、体を太らせるのにこれに優るものはないほどです。まさに諸刃の剣で、扱いが非常に難しいのです。

ベジファーストとカーボラスト

ベジファースト（野菜から先に食べる）という考え方があります。食物繊維が豊富な野菜から食べることで、血糖値の上昇と脂肪の吸収を抑える効果を狙ったものです。確かに理にかなった方法かもしれません。ただ、私は、**カーボラスト（炭水化物を最後に食べる）を実践すれば、ベジファーストにこだわる必要はない**という考え方を持っています。

食べ物には様々な栄養素が含まれています。これらはどれも適量であれば体に悪いものではなく、むしろ体に摂り込みたいものです。にもかかわらず、最初に食物繊維（野菜）を摂ることで吸収をブロックしてしまうのは、得策ではありません。

極度に脂っこいものを食べる場合は、先に食物繊維を摂っておくのは良策だと思います。しかし、高級な赤身肉など筋肉に直結しそうな良質なたんぱく質を摂る際に、先に食物繊維を入れてしまうのはあまりいい考えだとは思えません。

ベジファーストは、「戦うための体づくり」を考えていない人の発想です。もしくは、ジャンクフードばかり食べている人たちを対象にしているのではないでしょうか。

体づくりを優先したい人は、カーボラストを心がけるといいでしょう。和食のコース料理を頼むと、締めがお茶漬けになっていたりしますが、炭水化物を最後に食べて満腹感を与えるのは、理にかなっています。ただし、繰り返しになりますが、同じ炭水化物でも塩分と脂質が過度に多いラーメンはＮＧです。

食事の際におすすめなのは、**ご飯の量を少なめにする**ことです。しかも最後に食べるのがコツ。おかずと一緒だとどうしてもご飯を食べ過ぎてしまうので、締めに食べるようにするといいと思います。最初はタンパク質から食べ始め、その後に野菜などもしっかりと摂り、最後に炭水化物という順番が理想です。

朝食のタイミングと水分補給

朝トレーニングをする場合、**朝食はトレーニング後に摂る**ようにしてください。食事は報酬なので、先にたっぷり食べてしまうと脳が満足してやる気を失います。

ただし先ほども触れたように、糖質不足にならないようにバナナ1本分くらいの栄養は摂取してください。前の日に食べ過ぎていたり、起きたばかりで食欲がない場合は、アミノ酸を摂るのもおすすめです。低血糖でふらふらしてしまうのであれば、自分でつくったフレッシュジュースやスムージーを飲んでもいいと思います。**朝の体は脱水状態にあるので、水分だけはたっぷり補給しましょう。**

空腹時に水を飲むのはいいのですが、食事と一緒に水を飲むのは控えるべきです。消化のための胃液が水で薄まってしまうので、避けたほうがいいのです。

量に関してはさまざまな意見があります。コップ1杯とか500ccとか、いろんな情報を耳にしますが、一番いいのはその日の朝の**自分の体に聞いてみる**ことです。

まずはコップに水を注ぎ、ゆっくりと飲んでください。1杯飲んで、のどの渇きを感じなければ、それがあなたにとって必要としている量です。1杯飲んでものどが渇いていたり、その後に少し汗をかくような運動をする場合は、意識して少し余分に水分を摂っておくといいでしょう。自分の体がどれくらいの水分を必要としているのかは、自分の体にしかわかりません。巷に溢れている情報に踊らされるのではなく、自分の体の要求に従ってみることです。慣れないうちは飲み過ぎ、渇き過ぎということもあるかもしれませんが、すぐに自分にとっての適量がわかってくるはずです。どれくらい必要かは、自分の体が一番よく知っているのです。

すでに何度か述べてきたように、トレーニングを始めると、体の感度は急上昇します。自分の体が敏感になってきていることに気づくと、体をもっといたわろうという気持ちが芽生えてくるはずです。この気持ちを無視せずに、トレーニングや食事、睡眠の質を上げ、体をより良い状態にしてください。

昼食と夕食はどうするか

肥満気味の人に食生活を聞いてみると、昼食の量が尋常ではないほど多かったりします。「これから長時間の力仕事でもするの？」と聞いてしまいたいくらいの量を食べているのです。

もともと定食屋で出される食べ物の量は多めです。それだけでもカロリーオーバーなのに、さらにご飯を大盛にするのですから、太らないはずがありません。

昼食の際は、食べ過ぎに気をつけるのはもちろんですが、**野菜を多く摂るようにするといいでしょう**。食物繊維は腹持ちがいいので、午後におやつを余計に摂ることを防げます。

では、夕食はどうでしょうか。**私は、夜の食事を体に筋肉を付けるためのものと考えています**。そのため、真っ先にタンパク質を摂り、その吸収を邪魔するものは一緒に摂らないようにしています。こうした考えがあるので、ベジファーストも実践していません。

野菜（食物繊維）の摂り方については、ケースバイケースでよく考えてみるといいでしょう。例えば、上質な赤身のステーキと、脂たっぷりの肉を食べる場合では、食物繊維に対する考え方が大きく違ってきます。

脂たっぷりの肉を食べる際には、脂を食物繊維に絡めるように食べて、その後排出してしまうのがテクニックとしてすごくいい方法です。

反対に、低脂肪の赤身肉であれば、食物繊維と合わせずに味わって食べたほうが食事そのものを楽しめますし、肉の栄養素もしっかり体内に吸収できます。デザートとして、消化酵素を豊富に含むパイナップルやキウイフルーツを摂ることで、埋め合わせをすればいいだけのことです。こうした食べ合わせを考えずに、やみくもにベジファーストの考え方にしがみつく必要はありません。

ただし、肥満気味の人がベジファーストを実践してみるのはいい考えだと思います。

夕食は、1日を通して頑張ったご褒美の役割も果たします。褒められると男性ホルモンが分泌されるという話をしましたが、自分自身を褒めてあげるつもりで、夕食をリッチにするといいでしょう。

朝食をしっかりとたくさん食べ、夕食は少なめにするという食事法を提唱する人もいます。しかし、1日の最後に食事というご褒美がもらえなくなってしまうのはつらいのではないでしょうか。また、就寝中に筋肉が落ちるのを避けるためにも、**夕食の量は減らさずにしっかりと食べる**ことをおすすめします。

午後の睡魔から逃れる方法

昼食を食べた後、3時ごろになるといつも眠くなる……。

原因は、糖質の摂り過ぎにあります。適量の昼食を食べた人は、眠気に襲われることもなければ、興味深いことに、夕方前に小腹がすくこともありません。

糖質を摂り過ぎるとインシュリンが体内でスパークし、糖質を体脂肪に変換して血糖値を下げようと躍起になります。すると今度は低血糖の状態に陥り、眠気に襲われるのです。低血糖が行き過ぎると気絶する危険もあるので、甘く見てはいけません。

これらの問題を解消するには、昼食を食べ過ぎないことです。それだけで、午後の眠気から解放されるでしょう。また、小腹がすくのは、インシュリンが糖質を体脂肪に変換してしまった結果、体の中の糖質が不足して起きる現象です。これも昼食の食べ過ぎをなくすことで防げます。

食事の主眼を、**タンパク質とビタミン、ミネラルを摂る**ことにシフトしてみてください。例えば、お刺身（お寿司）や肉などにはこれらの栄養素が豊富に含まれているのでおすすめです。糖質は栄養素をより効率的に吸収させるために意識的に追加する〝サプリ〟だと考えましょう。あくまでも補助的なものなので、タンパク質とビタミン、ミネラルさえしっかりと摂れていれば、まったく摂らなくても支障はありません。

さらに、体づくりに重点を置くのであれば、タンパク質の補給を中心に考えてもいいでしょう。その場合、**プロテインファースト**を心がけてもいいと思います。まずは肉や魚、豆腐、納豆、牛乳、卵などのタンパク質を摂取し、補助的に脂質や糖質を適度に摂るようにするのです。たいていの場合、タンパク質をしっかりと摂取すれば食欲は収まります。

野生動物を見ればわかると思いますが、彼らは必要以上に食べません。それは、やはり必要な量だけを食べているからでしょう。野生動物と同じ食習慣を取り入れろとは言いませんが、必要のないものを過剰に摂取するのは控えるようにしてください。

塩分と水毒

塩分についての話を付け加えます。

減量をしたいと思ったら、塩分を抜くとすぐに結果が得られます。塩分を抜くと体の中にたまった水分も勝手に出ていくので、体重も減っていくのです。

水分を体にため過ぎないようにするには、とにかく塩分を摂り過ぎないことに尽きます。

体の中でポンプの役割を果たしているのは心臓です。このため、水分量が増えて太り気味になると、ポンプ役を務める心臓への負荷が大きくなります。

洗濯機の中に適量以上の洗濯物を入れるとモーターが苦しそうに動きますが、太った体型の中で動く心臓も同じ状態に追い込まれるのです。

東洋医学では、水毒というくらい体にたまる水は毛嫌いされます。ですから、**塩分**

を控えて体内の水分を減らすことは、心臓にとっても体にとっても好ましいのです。

日常的にトレーニングをして汗をかく人は、塩分を摂っても大きな問題はありません。しかし、汗をかく習慣のない人は塩分の摂取を少なめにすることです。

自分が塩分を摂り過ぎているかどうかの見極めは、簡単にできます。食事中にやたらと水を飲みたがるようであれば、確実に塩分の摂り過ぎです。バランスのいい食事をしていれば、ノドの渇きはさほど覚えません。少ししょっぱいものを食べても、野菜などを食べることで中和できます。仮に、ラーメン店のカウンターで水をがぶ飲みしながら麺をすすっているようであれば、塩分を摂り過ぎている証拠です。

健康的な人は、水を過剰に飲みません。がぶ飲みする人は、なぜそんなに水を欲するのかよく考えてみてください。

筋肉量の維持に効果を発揮する「アミノ酸」

筋肉量を維持するために、私は日常的にアミノ酸を摂っています。

アミノ酸といってもいろいろな種類がありますが、体づくりのためには**BCAAや必須アミノ酸のEAA入りのもの**を摂取するといいでしょう。

摂取のタイミングですが、昔はトレーニングが終わって30分以内が〝ゴールデンタイム〟と言われていました。ところが最近では、**トレーニング前、中、後のタイミングで摂る**のが主流になってきています。3回に分けて摂ると、体が効率的に吸収し、筋肉の付きも良くなるようです。

筋肉量の維持のためにアミノ酸を摂る理由は、体に燃料を供給するためです。

私たちの体には、グリコーゲンという運動専用のエネルギーのストックがあります。これを使い切った段階で体内のエネルギーが枯渇していると、体は筋肉を削って燃料を作り始めます。こうした状況を避けるために、アミノ酸を摂取してエネルギー源とするのです。

ジョギングのように長時間にわたって有酸素運動をする際には、トレーニング中のエネルギー補給として摂取するといいでしょう。短時間で高密度の筋トレをする場合は、運動の前後に摂れば問題ありません。

アミノ酸の補給は、工夫をすればパフォーマンスを上げることにもつながります。例えば、マラソンをしている人で、後半にバテたり失速する悩みを抱えている人は、レース中に5グラムのBCAAを5回ほど飲むと、後半のバテや失速を防げるので、試してみてください。

サプリとしてプロテインを摂る人もいます。プロテインはタンパク質の一種で、それが分解されたものがアミノ酸だと考えてください。

プロテインの場合、血中に入ってくるまでに3時間くらいの時間がかかります。一方、アミノ酸だと30分しかかかりません。このような大きな違いがあるため、プロテインを飲んでトレーニングを始めると、アミノ酸が血中に入ってくるのはトレーニングが終わってからになってしまう恐れが生じます。

一方、アミノ酸であれば、ウォームアップが終わったころには血中に入ってくるので、時間の管理が簡単です。3時間後にトレーニングをすることが決まっているような場合は、プロテインの摂取でも問題はありません。

ただし、胃腸の弱い人はプロテインを消化できないこともあるため、注意が必要です。質の良くないプロテインは下痢の原因にもなります。アミノ酸も下痢や胃もたれを起こすケースがありますが、プロテインの摂取が不調の原因となるケースが圧倒的に多いのです。

こうしたことを考えると、ＢＣＡＡのほうが消化もよく、筋肉を付けるにも効率的なので、私としてはＢＣＡＡの摂取をおすすめします。

PART 5

宮田式　筋トレ実践法

ウォームアップは軽めに

最終章となるパート5では、実際の筋トレの方法を紹介していきます。その前段階として、準備運動について触れておきましょう。

まず、これまで日常的にトレーニングをしてこなかった人は、必ず準備運動をしてください。筋トレをしていて体を壊してしまったら、まさに本末転倒です。

準備運動は、ウォームアップとも言います。つまり、**目的は体を温めること**です。体が温まると筋肉も同時に温められ、動きが良くなります。逆に体が冷えていると、体の動きが悪くなり、体に備わっている能力を十分に発揮することができません。

しばしば勘違いされているのは、ウォームアップといいながらストレッチをすることです。ストレッチをすると体が温まるかというと、そんなことはなく、むしろ体は冷めていきます。また、ストレッチによって筋肉が伸びてしまうと力を出しにくくなります。このような理由から、**ウォームアップでストレッチをするのは間違い**です。ストレッチをするなら運動後のクールダウンのために行ってください。

では、どんなウォームアップをすればいいのか。簡単なのは、**今から行おうとしている筋トレの負荷を軽めにして実行する**ことです。例えば、5キロのダンベルを使って筋トレをするのであれば、最初は半分の重さの2・5キロから始めてみましょう。腕立て伏せをするのであれば、膝を曲げて四つん這いになった状態から始めてみるのです。

ウォームアップだからといって、特別な運動をする必要はありません。同じ運動でも、負荷を軽くするだけでウォームアップとしての効果が十分得られます。

一方、習慣的に体を動かしている人は、準備運動をする必要はありません。筋トレを始める前は軽く体をほぐす程度にして、いきなりトレーニングを始めましょう。とは言っても、無理をしてはいけません。体の反応に気を配り、準備運動をしたほうがいいと感じたときには、迷わず準備運動をしてください。

筋トレは全身運動と捉えよう

この後すぐに、腕やお腹、お尻など、部位別の筋トレを紹介していきます。その前に理解しておいてほしいのは、腕立て伏せをすれば腕だけが鍛えられ、腹筋をすれば腹筋だけが鍛えられるのではないということです。

腕立て伏せをするにしても、実際には足の筋肉、お腹の筋肉も使わねばならず、全身運動に近い形になります。これは、腹筋やスクワットをする際にも言えることです。この点を意識して筋トレに臨んでください。

すでにお伝えしましたが、筋トレをする際に大切なのは、とにかく無理をしないこと。力を入れたときに体に違和感を覚えたり、なんとなく調子が良くないなと思ったら、すぐにトレーニングを中止してください。例えば、腕立て伏せをしていて肩がなんとなく痛いなと思ったら、目標回数の途中でもすぐに止めなくてはいけません。

「あと3回だから、頑張ろう」

こう考えてしまう人がたくさんいます。ところが、この3回が故障の原因になってしまうのです。ケガをすると、トレーニングどころではなくなります。

自分の体の調子については、本来、自分自身が一番わかるはずです。勘も働きやすいと思います。嫌な予感がしたら、とにかく無理をしないことです。

ただ、回復のために休んでいるうちに、面倒になってトレーニングから遠ざかってしまうケースはよくあります。このパターンにだけは陥らないようにしてください。

以上が筋トレを始める前に気をつけてほしいことです。

それでは、準備が整ったところで、私がおすすめする筋トレを種類別に紹介していきます。種類ごとに明記されている回数はあくまでも目標です。最初は自分にとっての高密度（1セット終了後に3分くらい休まないと次のセットにいけないレベル）を探って回数を設定してください。

大切なのは日常的に行うこと。それだけは、どうか忘れないように。

腕立て伏せ

1

膝をついた 腕立て伏せ

足を伸ばしたまま腕立て伏せができない人は、膝を立てて行います。

ゆっくりと上体を落としてください。筋力に自信のない人は、この形の腕立て伏せから始めます。

20回 × 2～3セット

2

膝をつきながら足首を上げて腕立て伏せ

1の腕立て伏せが物足りないと感じるようになったら、今度は足首を床から持ち上げた状態で腕立て伏せを行います。

足首を床から放したまま、ゆっくりと上体を落としていきます。

20回×2～3セット

ポイント
POINT

腕立て伏せは、床に手をどのように付けるかによって負荷のかかり方が大きく変わってきます。ほとんどの人は「ハの字型」で手をつくと思います。

この場合は腕よりも胸筋に負荷がかかります。
腕を鍛えたいのであれば、手を「逆ハの字型」にしてください。腕立て伏せで鍛えたいところは、なんといっても二の腕（上腕）です。逆ハの字型で腕立て伏せをすることによって、より効率的に鍛えることができます。

手を「逆ハの字型」にする際に気をつけてほしいのは、脇を必ず締めること。「脇が甘い」状態は、格闘技において絶対に避けなくてはならない姿勢です。素早い動きをするには、脇を締めておく必要があります。

3

足を伸ばした状態の
腕立て伏せ

私はいつも「逆ハの字型」の腕立て伏せをすすめています。こちらの形のほうが、腕への負荷も大きくなります。足を肩幅に開いて、両腕で上体を支えてください。

ゆっくりと上体を落としていきます。

20回
×
2〜3セット

4

腕を閉じ、足首を絡めた状態の腕立て伏せ

掌を重ね、後ろに伸ばした足を足首で絡めます。他のパターンと異なり、負荷が一気に大きくなります。

ゆっくりと上体を落としていきます。過度な無理をせずに自分の筋力を確認しながらトライしてみてください。

20回 × 2〜3セット

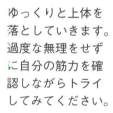

5

腕を開いた状態の
腕立て伏せ

腕を大きく開きます。負荷を高めたい場合は足を絡めて行いますが、つらいようであれば足を肩幅に広げてください。

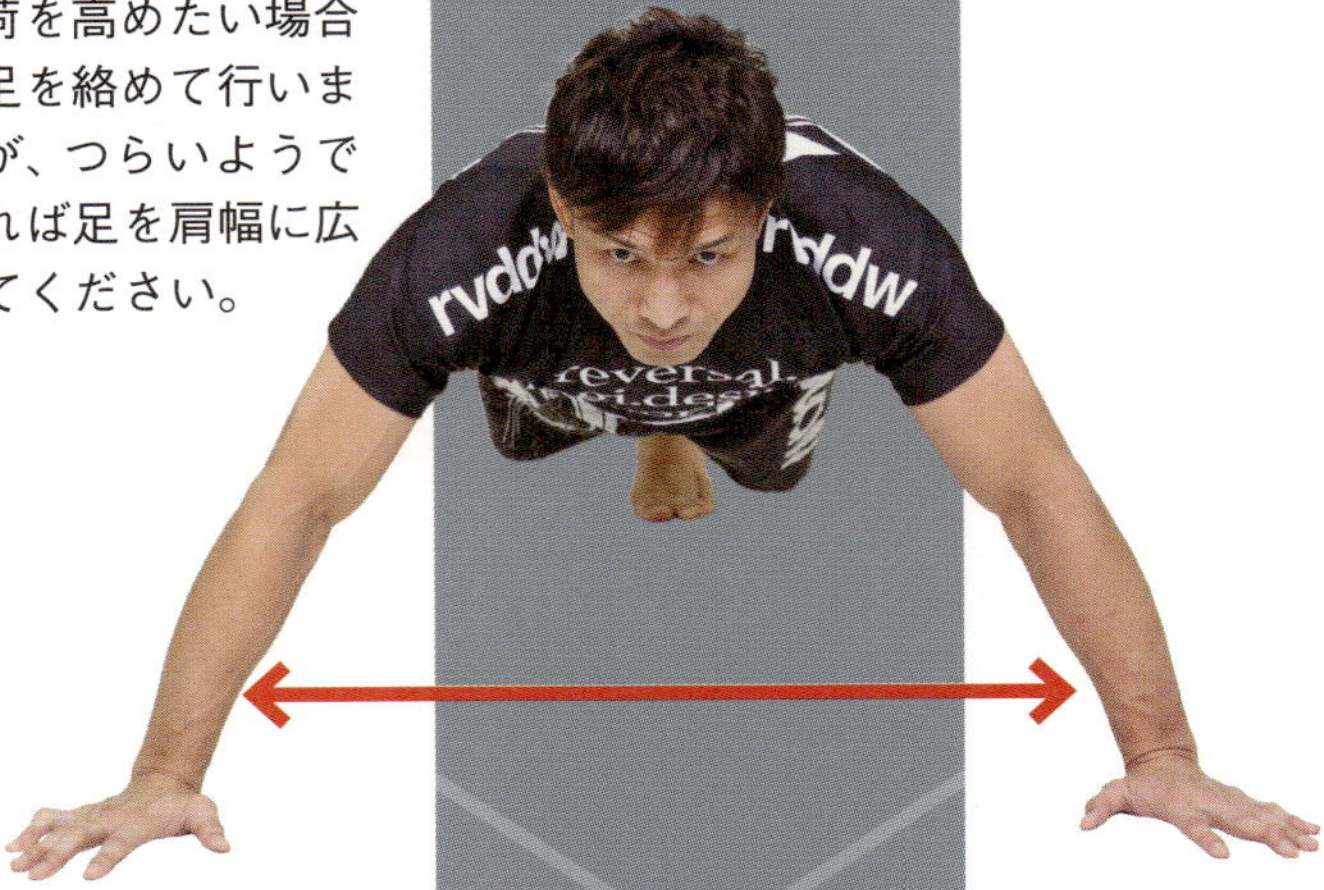

ゆっくりと上体を落としていきます。この腕立て伏せをすると、胸筋を鍛えられます。

20回 × 2〜3セット

腹筋

1
膝を曲げた状態の腹筋

両足を上げ、両手を軽く頭に添えるような態勢に。

上を見ながら、上体を起こしていきます。

20回 × 2〜3セット

ポイント
POINT

腹筋全般に言えるのは、首の力を使わないように気をつけること。上体を起こす際に首の力を使ってしまうと腹筋に負荷がかかりません。腕よりも太い首には、かなりの量の筋肉が備わっています。しかも、すぐに力が入ってしまうという特徴があります。その力に頼らないようにしてください。そのためには、視線を常に天井に向けておくといいでしょう。

首の力を使った悪い例

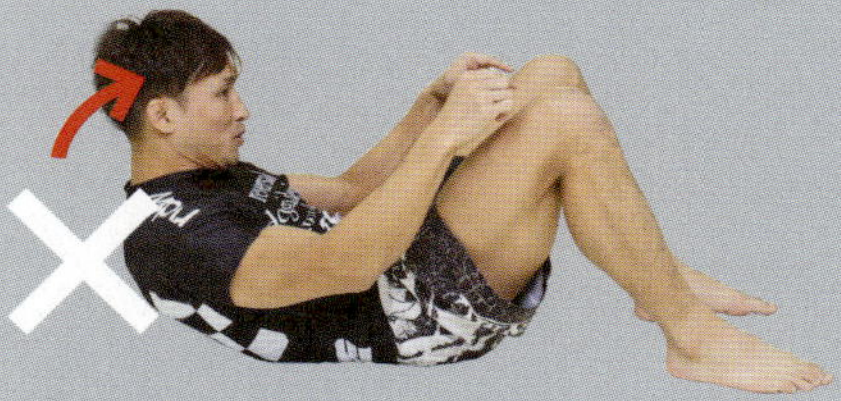

腹筋を鍛える際は、常に天井を見るようにします。

足を伸ばしたままの腹筋は腰に負担がかかるのでＮＧです。

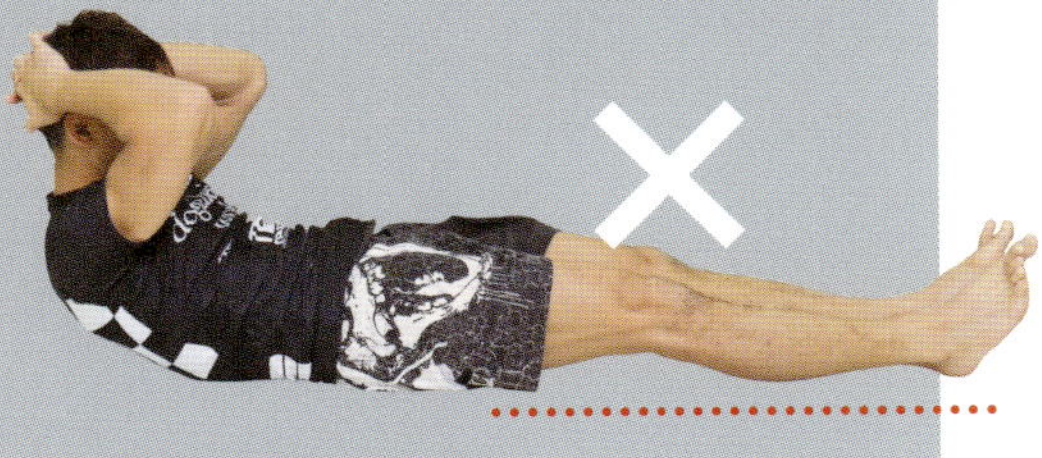

2

腕を上に伸ばす
腹筋

頭に添えた両手を上に向けて伸ばしていきます。

上体を起こすと同時に腕をまっすぐ伸ばしてください。

ポイント POINT

指先をまっすぐ天井に向け、視線は真上に。指先を天井につけるイメージで繰り返します。パートナーがいれば、手のひらを真上にかざしてもらい、その手に指先をタッチするように腕を伸ばしてください。

20回 × 2〜3セット

脚・臀部の筋トレ

1

基本のスクワット

足は肩幅に開き、腰を少し落とします。

お尻を突き出すように腰を落としながら、太ももの上に置いた手を滑らせるようにスライドさせていきます。その際、背筋はしっかりと伸ばしたままにしてください。膝を完全に伸ばさない状態を保ち、腰を下げて、上げます。

20回×2〜3セット

ポイント POINT

見逃してしまいがちですが、お尻を鍛えると格好良さが増します。簡単そうに見えるかもしれませんが、実際にやるとなるとかなりの筋力が求められます。このスクワットのいいところは、筋肉だけに負荷をかけられる点。膝を完全に伸ばさないので関節に負担がかかりません。膝痛がある人にはこのスクワットがおすすめです。スクワットによって脚力がついてくると、歩行や階段の上り下りが楽になるので生活の質が上がっていくはずです。

2

ジャンピング
ヒンズー・スクワット

足を肩幅に開いて立ちます。

腰を落としていきます。

しゃがんだ姿勢まで腰を落とします。

勢いをつけて、上体を引き上げてください。

体を起こしたら、ジャンプします。

着地と同時に連続して2回目の動作に入ります。

20回 × 2〜3セット

ポイント POINT

このスクワットの特徴はジャンプが入ってくること。普段の生活で“跳ねる”という動きをする人はあまりいません。その動きをスクワットの際に入れることで日々使うことのない筋肉を鍛えることができます。ジャンプをする際には、膝を完全に曲げた状態から一気にジャンプするのではなく、徐々に腰を持ち上げながら勢いをつけて飛び跳ねるようにします。

3

ブルガリアン・スクワット

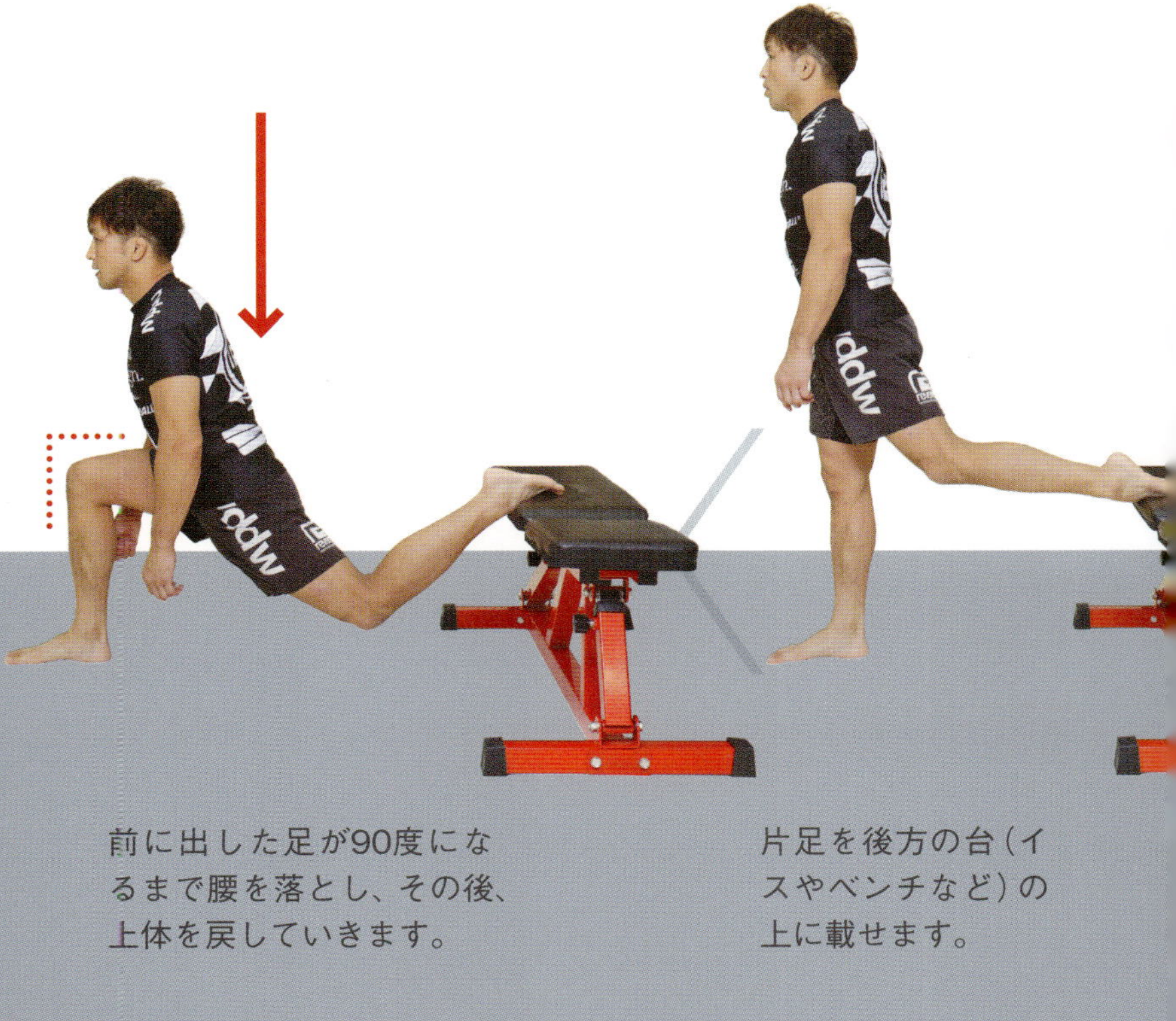

前に出した足が90度になるまで腰を落とし、その後、上体を戻していきます。

片足を後方の台（イスやベンチなど）の上に載せます。

左右10回ずつ
×
2〜3セット

4

腕を胸の前でクロスした
ブルガリアン・スクワット

腕を胸の前でクロスし、
バランス感覚も同時に
鍛えます。

片足を後方の台の上に
載せます。

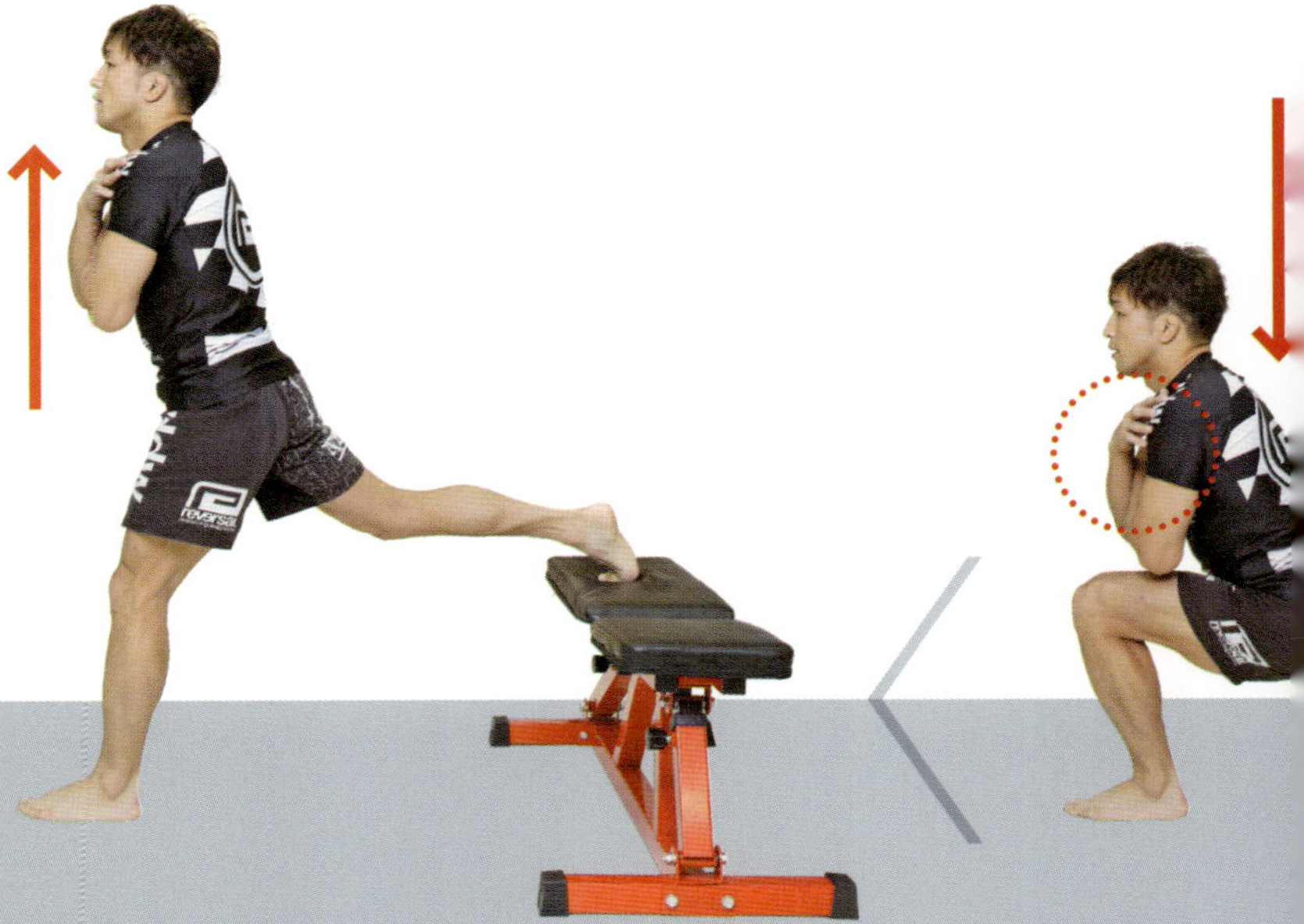

腕をクロスしたまま、上体を戻していきます。

ポイント
POINT

前に出した足の膝が飛び出してしまわないように気をつけましょう。膝が出過ぎてしまうと、膝に負担がかかるばかりで臀部を鍛えることはできません。

左右10回ずつ
×
2〜3セット

5

臀部を集中的に鍛える

ブルガリアン・スクワット

臀部を集中的に鍛えたい人は、上体を戻さずに腰を落としたままの状態でスクワットをします。

元の位置に戻ります。

膝の角度が直角になるまで上体を落とします。

左右
10回ずつ

6

ダンベルを持ちながら行う

ブルガリアン・スクワット

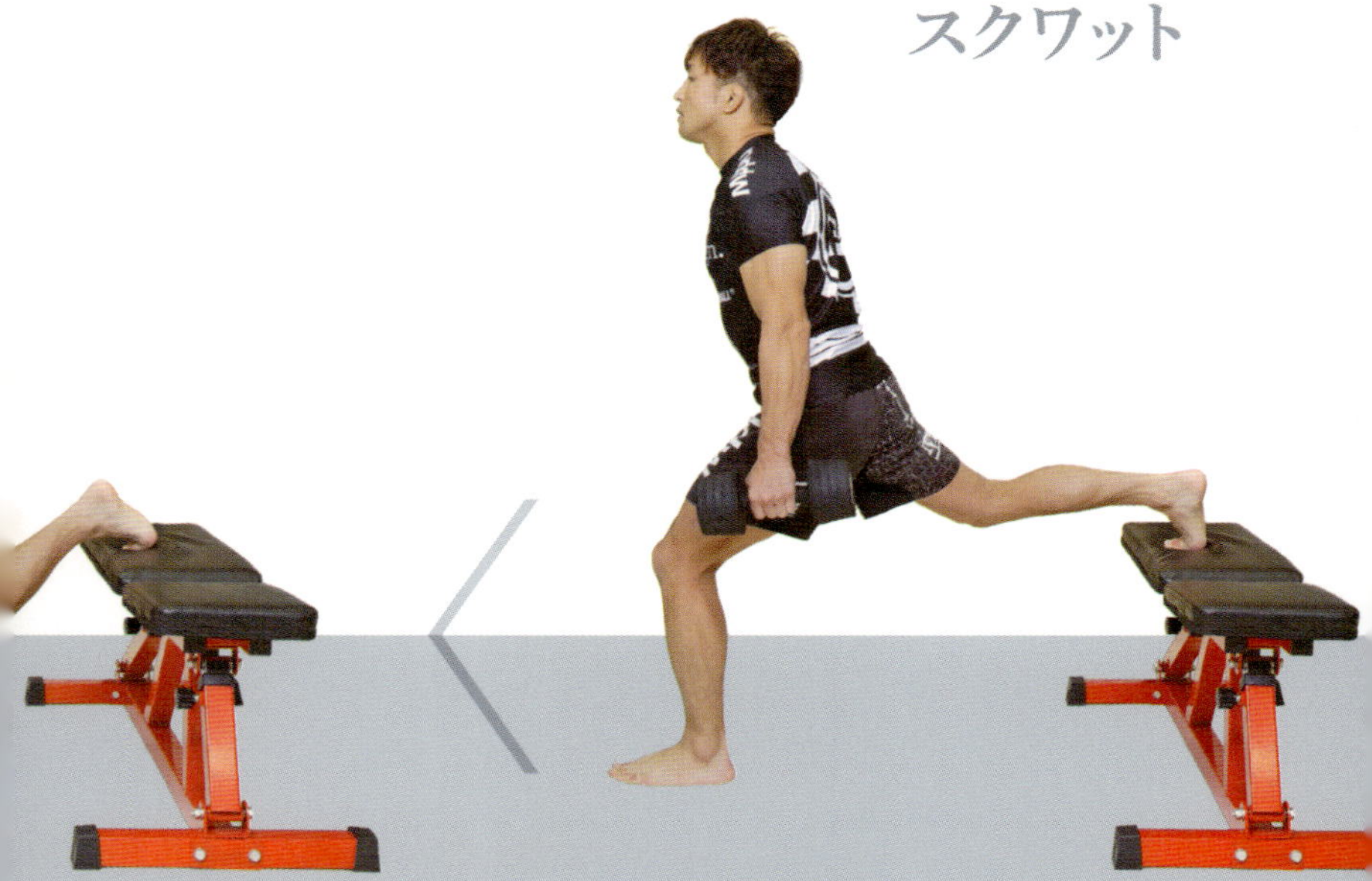

膝の角度が直角になるまで上体を落とします。

さらに臀部を鍛えたい人は、ダンベルのようなおもりを持ってスクワットをします。ダンベルを持ったまま、足を台の上に載せます。

体を元の姿勢に
戻します。

ポイント
POINT

ダンベルを持ちながらのスクワットは大きな負荷がかかるので、無理をするとハムストリングス(太ももの後ろ側)の肉離れを起こします。体を傷めないように自分の力量を確認しながら行ってください。

左右10回ずつ × 2〜3セット

ダンベルを使った筋トレ

ハンマーカール

10〜15回
×
2〜3セット

ダンベルを両手に持ち、足は肩幅に開きます。

ダンベルを持ち上げます。その際、素早く持ち上げるようにすると、より筋肉を鍛えられます。

ポイント
POINT

ハンマーカールは、肘に負担がかかりにくいのが利点です。主に上腕筋を鍛えられますが、ダンベルを上下させながらバランスを取らなくてはならないので、体幹の強化にもつながります。最初から重いダンベルは使わず、自分の力の７割を使って持ち上がる重さを選ぶようにしましょう。ハンマーカールは腹筋のトレーニングにもなります。

サーキット・トレーニング

シャドーボクシング、キック、
上体起こし、足の交差、
腹筋、腕立て伏せ、横跳び、
ジャンプの連続

シャドーボクシング

足を前後に開き、
腕を上げて構えます。

軽くパンチを出して、
シャドーボクシング。

キック

次に腰の高さでキックを
左右１回ずつ。

その後、態勢を戻します。

前傾姿勢になります。

このとき、上半身を傾けずに垂直に起こしたままキックしてください。

上体起こし

上体起こしです。両腕で上半身を支え、両足を後ろに大きく広げてください。

背中を丸めないように気をつけましょう。

体を起こします。

足の交差

足を伸ばしながら素早くかがんで、両腕で上体を支えます。

その状態から左足の膝頭を胸のほうに引き寄せて足の運動をします。

次に足をすり替えて、右足の膝頭を胸に引き寄せてください。これを左右交互に2回繰り返します。

腹筋

今度は体を仰向けにし、腹筋を２～３回行います。

首の力は使わないように気をつけましょう。

続いて、腕立て伏せの態勢を取ります。

腕立て伏せ

足を肩幅に開きます。手のひらは逆ハの字型にすることを忘れずに。

２～３回、繰り返します。

上級者向け

体力のある人は、勢いをつけて空中で手を叩いてみましょう。これは上級者向けです。

横跳び

勢いをつけて、足を
引き上げます。

素早く立ち上がり、
次に横跳びをします。

再び勢いをつけて。

左右順番に跳んでいきます。

10回
×
2～3セット

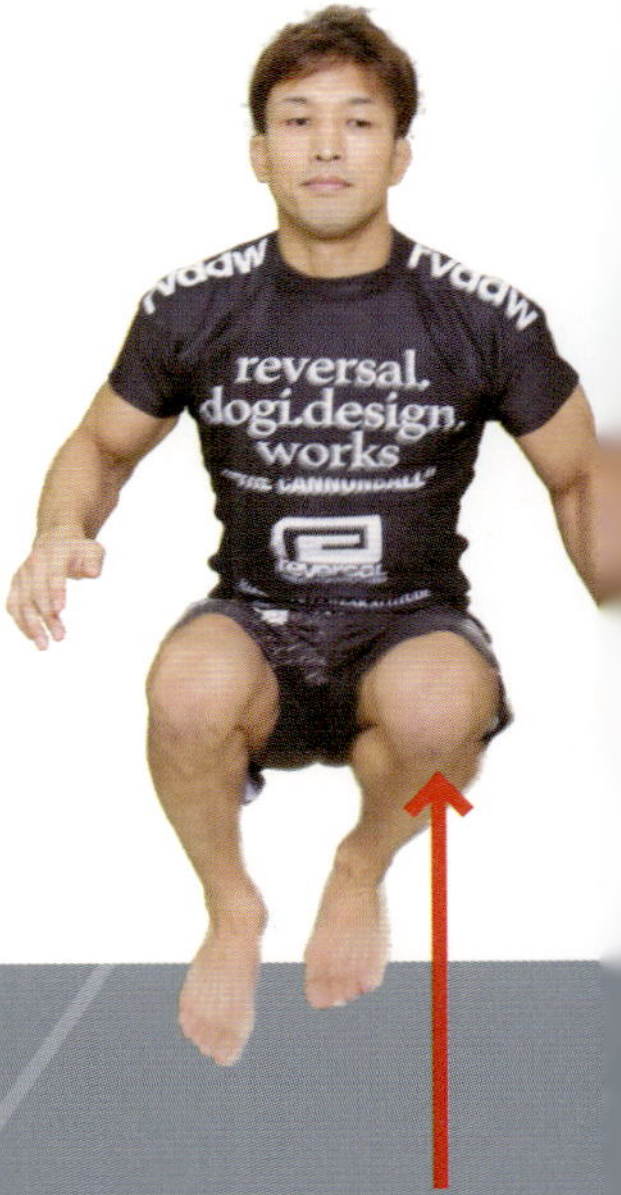

足を引き上げましょう。

着地して、1セットを終えます。

懸垂

無理をせずに懸垂をするコツは、肘を完全に伸ばさないこと。この状態から体を引き上げます。伸ばした状態から懸垂をすると肩を痛める恐れがあるので気をつけてください。

1 順手の懸垂

ポイント POINT

懸垂は、バランスよく筋肉が付いているかどうかを計るバロメーターです。これまで筋トレをしてこなかった人は、1回でも難しいと思います。腕の筋肉がついていても、体脂肪率が高いと体重が重すぎて体を引き上げることはできないでしょう。仮にできなくてもチャレンジしてみてください。体を上げようとするだけでもいい筋トレになります。これを続けて、最終的に懸垂ができる筋肉を身に付けていってください。

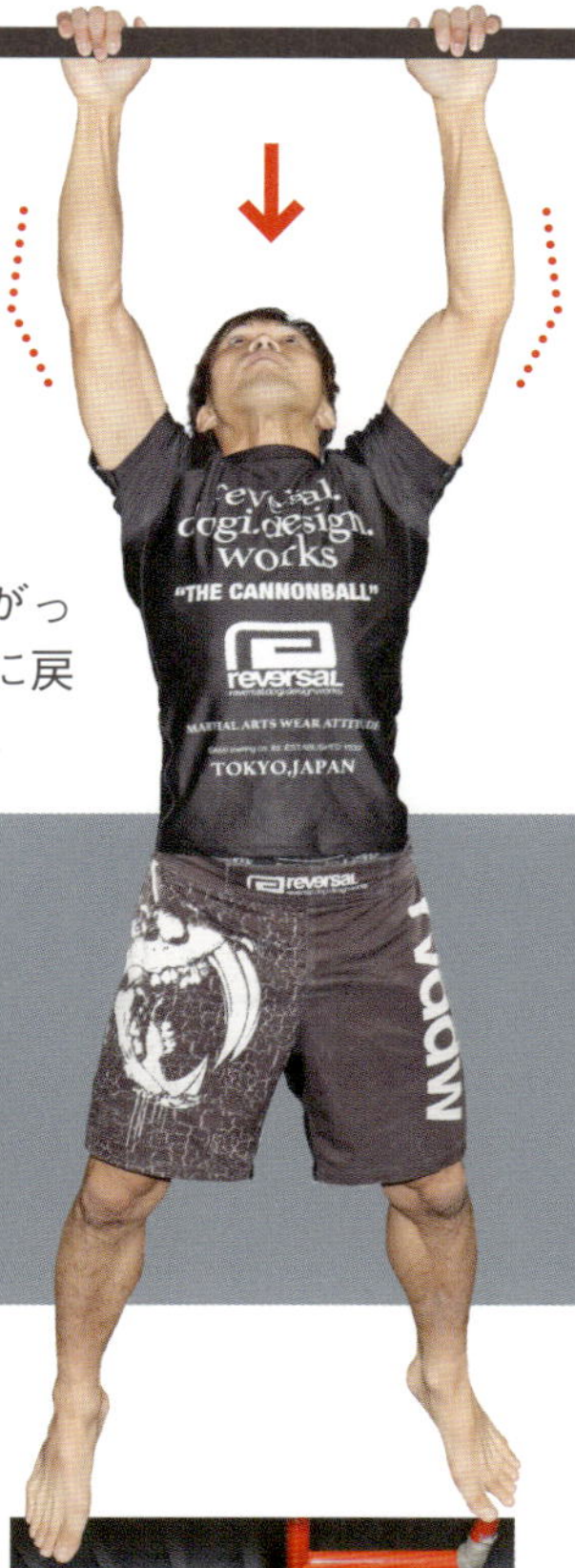

ぶら下がった状態に戻ります。

順手の懸垂は、腕の筋肉だけでなく背筋のトレーニングにもなります。

20回できる身体を目指す！

肘を完全に伸ばさない状態でぶら下がります。

2
逆手の懸垂

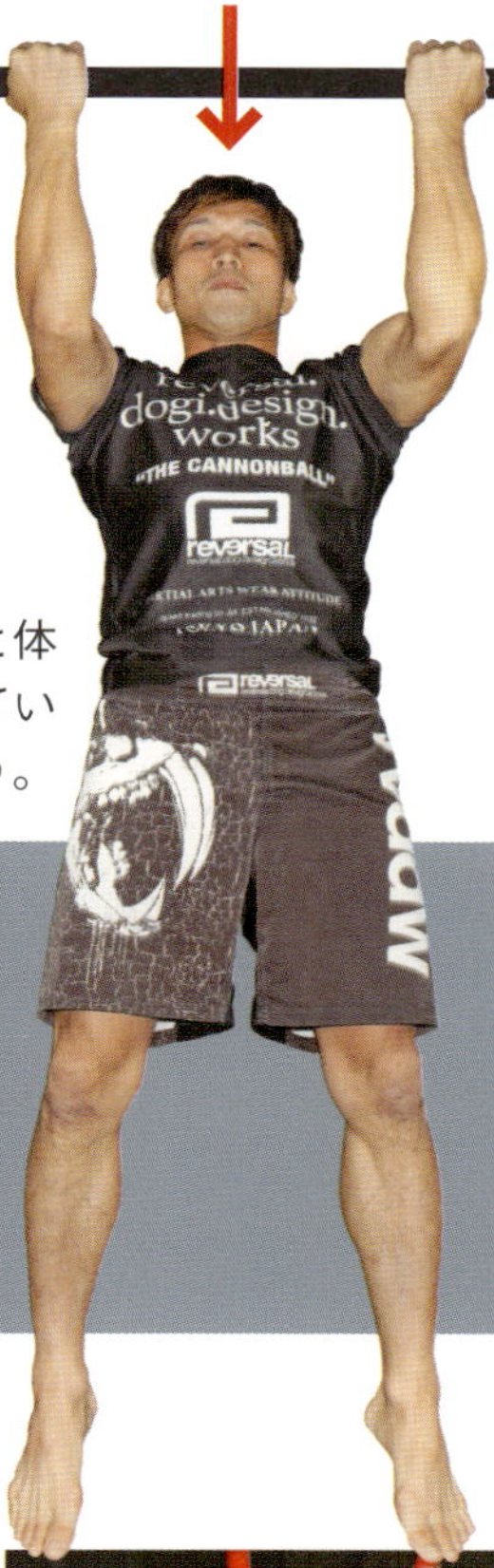

ゆっくりと体を下ろしていきましょう。

逆手の懸垂は、胸筋のトレーニングにもなります。

20回できる身体を目指す!

番外編 連続ジャンプ

ジャンプと同時に両手を上に伸ばし、勢いをつけて全力で跳びます。慣れてきたら、より高くジャンプできるようにトライしてみてください。

筋トレの合間に、ジャンプを取り入れてみましょう。ジャンプをする際には、膝を曲げ過ぎないことが大切です。

ポイント
POINT

ジャンプをする際は、必ず踵を上げてつま先立ちになります。運動にはこの姿勢がとても重要だと言えます。体の素早い動きは、つま先立ちの状態から繰り出されることが多いのです。ジャンプ力を鍛えると、格闘技、サッカー、短距離走など、瞬発力を求められるスポーツでいい動きができるようになるでしょう。

7回×1セット

着地と同時に連続して次のジャンプに入ります。全力のジャンプを連続ですると、7回くらいが限度のはずです。

おわりに　筋トレは将来への〝投資〟である

体が動くうちに筋肉を付けておくことは、エネルギーをストックしているようなものではないかと感じることがあります。もしそうなら、年を取って体力が落ちてきたときに、ストックしてきたエネルギーを取り崩し、活動的な生活を維持するのに活かせるはず。こう考えると、筋トレは将来のための貯蓄に似ているような気もします。

一方、トレーニングをしないまま年を取っていくと、体に不調が出たときにあちこちの痛さに悩まされ、自力で治す力もない状態に陥る恐れが出てくるかもしれません。こうなってしまうと、毎日、リハビリに追われる生活を余儀なくされます。

いつまでも健康な体を維持し、幸せな日々を送れるのが理想の人生でしょう。

「自分はまだまだ若い。筋トレなんていつでも始められる」

このように軽く考えてしまっては、後悔のもとです。どんなに遅くても、40代後半のうちに意識を変えなくてはいけません。

40代に到達する前に筋トレの大切さに気がつき、自分の体に真剣に向き合い始めることができれば、かなりいい状態で50代を迎えられるはずです。さらにその先には、活動的で幸せな70代、80代が待っていることでしょう。

今のうちに筋トレを行うことは、将来に向けての〝投資〟なのです。

将来におけるプラスの側面だけでなく、トレーニングを習慣化できた瞬間から、本書で述べてきたさまざまな利点が得られるのが筋トレの魅力です。

こうしたメリットを見過ごさず、1つでも多く実感できるように、筋トレの習慣化を目指しましょう。筋トレは健康な人なら誰にでもできる理想的なトレーニング法です。本書を参考にして、さっそく筋トレを始めてみてください。

1年後、変化と成長を体感している自分をきっと発見できるはずです。

2018年9月

宮田 和幸

[著者]
宮田和幸（みやた・かずゆき）

シドニーオリンピック・レスリングフリースタイル63kg級日本代表。
総合格闘家（HERO'S、K-1MAX、Dynamite!!、DREAMなどに参戦）
総合格闘技・キッズレスリングジム「Brave」代表。
1976年茨城県生まれ。10歳からレスリングを始め、2000年シドニーオリンピックに出場。2004年に総合格闘家としてデビューし、様々な団体で活躍してきた日本軽量級のトップファイター。2009年よりジム経営を始め、現在は東京・麻布十番、北千住、埼玉・三郷、草加にジムを展開。男女を問わず著名人や起業家・経営者らのパーソナルトレーニングを数多く手がける。独自の身体づくりのノウハウを持ち、その鍛え抜かれた肉体は格闘家・関係者の間でも有名。
http://www.brave-gym.com/
http://www.herculesmethod.net/

「一流《いちりゅう》の身体《からだ》」のつくり方《かた》

仕事《しごと》でもプライベートでも「戦《たたか》える体《からだ》」をつくる筋《きん》トレの力《ちから》

2018年10月23日　初版発行

著　　者　宮田和幸
発 行 者　小林圭太
発 行 所　株式会社CCCメディアハウス
〒141-8205 東京都品川区上大崎3丁目1番1号
☎03-5436-5721（販売）　☎03-5436-5735（編集）
http://books.cccmh.co.jp

印刷・製本　豊国印刷株式会社

ISBN978-4-484-18225-4